Cuídate para crecer

M

**Penguin
Random House
Grupo Editorial**

Primera edición: junio de 2024

© 2024, Ana Pérez (@nacidramatica)
© 2024, Penguin Random House Grupo Editorial, S. A. U.
Travessera de Gràcia, 47-49. 08021 Barcelona
© Nací Dramática, por las imágenes de interior

Impreso en Colombia - *Printed in Colombia*

ISBN: 978-84-10050-04-4

Ana Pérez
NACÍ DRAMÁTICA

Cuídate para crecer

**100 herramientas psicológicas
para desarrollar la autoestima que mereces**

Montena

ÍNDICE

INTRODUCCIÓN

ESTÁS ENTRANDO EN UN LUGAR SEGURO

BIENVENID@ AL LUGAR DONDE VAS A APRENDER A VER TODO LO QUE VALES, A CUIDAR DE TI TANTO COMO CUIDAS DEL RESTO, A SER MÁS COMPASIV@ CONTIGO, A ACTUAR DE FORMAS QUE TE HAGAN BIEN Y A QUERERTE COMO MERECES ♡

nacidramática

Si tienes este libro en tus manos, es probable que te preocupe tu salud mental. Seguramente estás tratando de priorizarte, has decidido dedicarte tiempo y quieres trabajar en ti, o te esfuerzas en buscar nuevas formas de cuidarte. Y, sinceramente, me hace muy feliz poder conectar con personas como tú.

Antes de seguir, me gustaría presentarme. Soy Ana, soy psicóloga y puede que hayas conocido este libro a través de mis redes, @nacidramatica, donde intento compartir mis conocimientos de psicología de una forma bonita.

Desde que se publicó mi primer libro, *Terapia para llevar*, no han parado de escribirme personas para darme las gracias, y la verdad es que no termino de acostumbrarme a recibir esos mensajes. Cada vez que me llega uno, ¡me hace tanta ilusión como el primero! Por eso, si has leído mi primer libro y has decidido volver, te agradezco de corazón tu confianza.

Te voy a ser sincera: cuando escribí *Terapia para llevar*, para mí el éxito se resumía en ser capaz de terminar de escribirlo, que me gustase el resultado y que se publicase; con eso me bastaba. Así que puedes imaginarte que, después de verlo entre los más vendidos de España y América Latina, estar escribiendo mi segundo libro es un sueño que todavía no termino de creerme. Muchas veces me pregunto: «¿Cómo es posible que haya escrito otro libro? ¿En qué momento?» Pero miro atrás y me doy cuenta de que todos y cada uno de los días a lo largo de muchos meses he estado investigando, escribiendo y pensando en *Cuídate para crecer*. «Pequeños pasitos todos los días»... Eso es, creo, lo que más satisfacción nos da: la constancia y la disciplina.

Ahora cierra este libro y mira su portada. A partir de este momento quiero que, cada vez que la observes, sientas que esa plantita eres tú: una plantita que necesita ser regada y cuidada para estar bien y para poder desarrollarse y florecer. Puede que estés más radiante o más pochita ahora mismo; estés en el punto en que estés, quiero ayudarte a que te desarrolles un poco mejor.

Hablamos mucho de autoestima, pero solemos ignorar el valor de las pequeñas acciones que podemos llevar a cabo para mejorarla. Hay muchas (¡muchísimas!) cosas pequeñas que podemos hacer para fortalecerla. Aquí te he preparado 100 herramientas prácticas de psicología que no son pociones mágicas ni tienen por qué funcionar igual a todo el mundo, pero que se utilizan en terapia para atender distintos aspectos de la autoestima.

A lo largo del libro te propongo cambios que quizá ahora te suenan lejanos: reconoce tu voz crítica y aprende a gestionarla, perdóna(te) para liberarte y establece metas significativas que vayan acordes a tus valores y que sean importantes para ti; trabaja en tu autoconcepto, comienza a ver tu cuerpo de una forma compasiva y haz las paces con él, y empieza a escuchar tus necesidades y lo que le hace falta a tu cuerpo; aprende a relacionarte con los demás de una forma que te haga bien a ti, conoce más sobre la dependencia emocional y el impacto que tiene la autoestima en las relaciones de pareja, descubre nuevas formas para empezar a disfrutar más de ti y de la vida para ser más feliz, y aprende a aceptarte tal y como eres para después poder cambiar si lo deseas.

Puede que algunas herramientas te funcionen mejor que otras, pero te garantizo que, tras leer cada capítulo, vas a comprenderte mejor, vas a ver tu situación desde otra perspectiva, vas a hablarte de una forma más sana y, si haces los ejercicios propuestos, vas a haber trabajado en ti, lo que te hará sentir mucho mejor.

Puedes recurrir al libro cuando sientas que lo necesites. Me encantaría que lo tuvieras siempre cerca, como una guía, para consultarlo cuando creas que te haga falta. Puedes leer los capítulos desordenados, así que mira el índice y decide qué necesitas leer en cada momento.

Mi principal objetivo es que lo disfrutes y aprendas, así que he intentado que el libro sea dinámico y didáctico a partes iguales. A veces expreso mejor mis ideas a través de ilustraciones muy simples; no me juzgues: sé que no dibujo demasiado bien, pero me encanta hacerlo y creo que ayuda a conectar con experiencias personales.

Te aviso: este libro es ágil y sencillo, pero te va a hacer trabajar mucho. Por ello, te recomiendo que cojas una libretita que te acompañe durante la lectura, en la que podrás ir recopilando todos los ejercicios. Elige una que te guste, que te transmita buenas vibras, que sientas como una compañera para este viaje... Será «tu libretita», tu aliada a lo largo de tu crecimiento.

Antes de empezar...
¿Qué es la autoestima?

La autoestima es la valoración que hacemos de nosotros y cómo nos describimos. Cuando nos preguntamos quién somos, aparecen pensamientos y juicios que pueden ser ajustados o no a la realidad, por lo que son subjetivos. Nos afectan a nosotros y a nuestra forma de actuar y, a su vez, nuestra forma de actuar influye en nuestros pensamientos. Por ejemplo, si consideras que ya no se te da bien hacer un deporte que antes te gustaba, es probable que dejes de practicarlo. En consecuencia, puede que te sientas más inseguro cuando alguien te proponga hacerlo, porque posiblemente pensarás: «No valgo para esto». De este modo, tus pensamientos iniciales se confirmarán.

La autoestima es modificable y aprendida. Lo que hemos vivido, así como los comentarios que hemos recibido, nuestros sentimientos, experiencias, conocimientos y creencias, es lo que va formando cómo nos describimos y valoramos.

Nuestro nivel de autoestima se refleja en nuestros actos. Tener una autoestima sana significa hablarnos bien, ser capaces de poner límites a los demás, hacer cosas significativas para nosotros, perdonarnos y perdonar a otras personas, comunicarnos de forma asertiva, reducir la exigencia que tenemos con nosotros mismos, aceptarnos, tratar de implicarnos en actividades que nos gusten, escuchar nuestro cuerpo y nuestras necesidades, permitirnos descansar cuando nos hace falta o tomar decisiones acordes a nuestros valores y que sean saludables y respetuosas con nosotros.

Tener una autoestima sana también es ser capaces de alejarnos de personas, trabajos o lugares que no nos hacen bien y de elegir a personas y entornos que sean inspiradores para nosotros y que nos ayucen a crecer.

Tener una autoestima sana no significa que seamos egoístas; al contrario, nos permite relacionarnos con los demás de manera armónica y decir «sí» a una vida que realmente nos llene. Cuando nos amamos, estamos más capacitados para amar a los demás de forma equilibrada.

Antes de seguir leyendo, quiero que sepas que este libro no pretende sustituir ni sustituye la terapia psicológica. Es cierto que va a brindarte herramientas prácticas que podrás usar en tu día a día, pero, si sientes que no es suficiente, te recomiendo que pidas ayuda a un profesional.

Recuerda: tu nivel de autoestima puede cambiar. No naciste con una autoestima ni baja ni alta.

Empieza a **escucharte**, a **prestarte atención**, y a **esforzarte por mejorar**. Mereces quererte y puedes aprender a tratarte y a valorarte **como te gustaría**.

EL AUTOCONCEPTO Y
la autoestima

¿**Qué es** el autoconcepto?

El autoconcepto es la descripción que hace una persona sobre sí misma. En esta se incluyen las percepciones, creencias, opiniones e ideas que la persona tiene de ella en las diferentes dimensiones que la conforman (personalidad, sexualidad, contexto social, emociones, cuerpo, etc.).

Esta descripción **puede ser objetiva o subjetiva, y está formada por una lista de atributos que la definen**, por ejemplo: alta, simpática, mujer, guapa, peluquera, amante del cine, amante de los animales... Esta lista puede ser tan larga como la persona quiera, y todo este conjunto de atributos son los que hacen a la persona única.

¿Cuál es **la diferencia entre** autoestima y autoconcepto?

Imagina que haces una lista de los atributos que crees que te definen; en total, sería una gran cantidad, pero... ¿para ti serían todos igual de importantes? Te darás cuenta de que unos tienen más peso que otros, y eso es, por tanto, una valoración personal.

Detrás de esta lista de atributos que conforman a la persona que están relacionados con el trabajo, el aspecto físico o las relaciones sociales, hay una serie de elementos emocionales y de evaluación que influyen en la creación de dicha descripción.

Es en ese trasfondo, en la evaluación del autoconcepto, donde en parte se encuentra la autoestima.

Decir «Soy profesora» sería autoconcepto; en cambio, decir «Soy muy buena profesora porque sé que hago bien mi trabajo» sería autoestima. Por tanto, **la autoestima es la valoración que se hace del autoconcepto**, y esta puede ser positiva o negativa, precisa o imprecisa.

¿Cómo influye **el autoconcepto** en la autoestima?

La valoración que hace una persona de su autoconcepto es muy importante, ya que, si piensa de forma positiva sobre sí misma, se acepta y se siente capaz de hacer frente a las dificultades, su autoestima se encontrará fortalecida. En cambio, si se rechaza o desprecia, piensa de forma negativa sobre los atributos que la definen y considera que no será capaz de actuar eficazmente ante las tareas o los retos a los que tenga que enfrentarse a lo largo de su vida, su autoestima se encontrará limitada. **Un autoconcepto positivo generalmente está asociado con una mayor autoestima y un bienestar psicológico, mientras que un autoconcepto negativo puede contribuir a problemas de autoestima, malestar psicológico o inseguridades.**

¿**El autoconcepto** se puede modificar?

El autoconcepto, al igual que la autoestima, no se hereda, sino que se desarrolla a lo largo de la vida a través de las experiencias, las interacciones con el entorno y lo que uno va aprendiendo sobre sí mismo. Este proceso de formación del autoconcepto comienza en la infancia y en la adolescencia, etapas muy importantes en el desarrollo del autoconcepto, y continúa a lo largo de toda la vida.

Las experiencias que una persona vive, las interacciones sociales, los éxitos y fracasos, así como las relaciones personales, contribuyen a la construcción del autoconcepto. A medida que pasa el tiempo, estas experiencias se acumulan y dan forma a la percepción que una persona tiene de sí misma. **Un autoconcepto estable se forma a medida que las autopercepciones se consolidan y se integran en una imagen coherente de uno mismo.** El autoconcepto influye en la manera en que una persona se ve a sí misma, en sus elecciones y en su comportamiento.

¿El **autoconcepto es general** o es la unión de muchos?

Tenemos un autoconcepto general que está conformado por autoconceptos más concretos. Estos son:

- **Autoconcepto académico o profesional:** refleja la percepción que se tiene sobre el desempeño en los estudios o trabajos, experiencias, éxitos o fracasos.
- **Autoconcepto físico:** es la percepción que tenemos sobre nuestra apariencia y presencia física. También se incluyen las habilidades que consideramos que tenemos para llevar a cabo una actividad física, como la coordinación, la flexibilidad o la fuerza.
- **Autoconcepto personal:** se trata de la percepción que se tiene de uno mismo y de la propia identidad. Se incluye en

este autoconcepto el sentimiento de capacidad para alcanzar metas, autonomía, autocontrol o responsabilidad.

- **Autoconcepto social:** se refiere a la percepción de cómo alguien se desenvuelve en contextos sociales. Se incluyen aspectos como la aceptación de los demás, las habilidades sociales, la forma de relacionarse o la capacidad para resolver problemas sociales.

- **Autoconcepto emocional:** se relaciona con los sentimientos de bienestar y satisfacción emocional. Incluye la capacidad de experimentar emociones positivas y gestionar las negativas de manera saludable, la aceptación o no de estas, la capacidad de adaptarse a cambios emocionales y situaciones desafiantes o la aptitud para reconocer y comprender las propias emociones.

¿Cómo suele ser el autoconcepto de las personas con autoestima limitada?

Las personas que tienen una autoestima limitada no se perciben de forma honesta, sino que magnifican sus debilidades y minimizan sus fortalezas, es decir, tienen una imagen distorsionada de sí mismas y eso hace que se sientan insuficientes, imperfectas o menos válidas. En cambio, cuando se fijan en el resto, lo hacen de una forma mucho más sana, y valoran tanto las características buenas que las componen como las debilidades.

HERRAMIENTAS PARA MEJORAR TU AUTOCONCEPTO Y TU AUTOESTIMA

1

¿Cuál es tu **autoconcepto actual**?
Registra tu autoconcepto

Para poder trabajar tu autoconcepto y crear una evaluación precisa, primero **debes especificar con el máximo detalle cómo te ves ahora en las diferentes dimensiones que te conforman**. A continuación, tienes una numeración; el objetivo es que te describas en cada uno de los apartados con frases o palabras con tanta precisión como sea posible.

1. **Personalidad:** descríbete de la forma más exhaustiva que puedas, indica tanto aspectos positivos como negativos.
2. **Cómo piensas que te ve el resto:** piensa en cómo te describirían las personas de tu entorno (tus padres, hermanos, hijos, abuelos, amigos, pareja...). Imagina también cómo te definiría alguien que te acaba de conocer.
3. **Aspecto físico:** indica tu peso, altura, pelo, piel o forma de vestir. Después, describe las partes de tu cuerpo; por ejemplo, piernas, cintura, ojos, boca, cuello, pies, orejas, etc.

4. **Sexualidad:** explica cómo vives tu sexualidad, qué te gusta más, cómo sientes más comodidad, con quién, qué piensas acerca de tu sexualidad, qué es importante para ti al mantener relaciones sexuales, etc.

5. **Rendimiento en tus estudios o trabajo:** qué tal se te da trabajar o estudiar, si eres o no constante, si te consideras o no eficiente, qué cosas se te dan mejor y qué cosas peor, si te gusta a organización, cómo gestionas el tiempo, si te gusta participar, si tienes ganas de aprender, etc.

6. **Tus relaciones:** con qué personas sientes más comodidad, qué cosas se te dan mejor y peor al relacionarte con los demás, tanto con conocidos como con desconocidos; describe tus interacciones con el resto, con tu pareja, amigos, familiares o extraños.

7. **Capacidad mental:** creatividad, aprendizaje, capacidad para resolver problemas, etc. ¿En qué destacas positivamente?

8. **Emocional:** cómo vives las cosas que ocurren, cómo gestionas tus emociones, si eres capaz de reconocerlas, de qué forma te enfrentas a las situaciones difíciles y cómo te afectan a nivel emocional.

9. **Desempeño para satisfacer tus necesidades personales y familiares:** cómo manejas las tareas del día a día, el mantenimiento de tu casa en orden y limpieza, la habilidad para hacer comidas, ir a revisiones médicas, etc.

10. **Gustos personales:** ¿qué te gusta hacer? ¿Cuáles son tus aficiones?

Una vez que tengas completa tu lista de palabras y frases que te describen (recuerda que cuanto más larga sea más eficaz será este ejercicio), añade el símbolo + a las positivas (las que consideras cualidades) y - a las negativas (las que consideras limitaciones). **Esta clasificación entre positivas y negativas te hará ver en qué áreas tienes una autoestima más limitada.** Puede que la mayoría de los símbolos - aparezcan en una o dos áreas o, a lo mejor, puede que este símbolo aparezca de forma más general. Este ejercicio te aportará mucha información sobre en qué debes trabajar más.

2

Reflexiona sobre tus limitaciones

Coge tu libreta y escribe todas las características del ejercicio anterior que hayas marcado como negativas, es decir, las que consideras tus limitaciones. Debajo de cada una de ellas vas a dejar un espacio para reescribir aquellas debilidades que, por la forma en la que están enunciadas, afectan a tu autoestima, ya que normalmente son despectivas, exageradas y nada objetivas.

¿Cómo las vas a reescribir? Aquí tienes cuatro indicaciones:

- **Elimina los términos despectivos**

Vas a cambiar las frases del estilo «Soy un desastre con las manualidades» por otras que no tengan contenido despectivo → «A veces necesito más tiempo y esfuerzo en las tareas manuales».

- **Utiliza un lenguaje objetivo y sin exageraciones**

Vas a sustituir frases como «Mis orejas son muy pequeñas» por otras que realmente sean objetivas y que, al menos, no contengan exageraciones → «Mis orejas miden cuatro centímetros».

- **De lenguaje general a lenguaje específico**

Vas a modificar frases que puedan contener palabras como «todo», «nunca» o «siempre». Puede que esas situaciones ocurran con algunas personas o en ocasiones específicas, y es importante detallarlo. Por ejemplo, «Nunca tengo tiempo para mí mismo» por «A menudo me encuentro ocupado, especialmente entre semana». Si las debilidades son específicas, es más sencillo que las aceptes y comprendas cómo actuar.

- **Busca excepciones a tus afirmaciones**

Vas a reconocer tus limitaciones, pero también vas a buscar si estas tienen excepciones para abordarlas de una forma más constructiva. Por ejemplo, si escribiste «Me cuesta estar solo» y te das cuenta de que eso no ocurre siempre, puedes modificarlo por «Me cuesta estar solo para comer y cenar, pero el resto del tiempo no me importa tanto».

3
Mira afuera para después
mirar adentro

Te propongo hacer una lista de cualidades que admiras del resto. Te he dejado un cuadro con algunas de ellas para inspirarte y ayudarte a la hora de escribirla. También puede resultar de ayuda que pienses en cómo son las personas que quieres y qué cualidades tienen que admiras.

Creativo	Optimista	Divertido	Generoso	Empático
Curioso	Paciente	Resiliente	Centrado	Gracioso
Sensible	Proactivo	Mañoso	Responsable	Agradecido
Amable	Asertivo	Solidario	Decidido	Leal
Ambicioso	Audaz	Honesto	Confiado	Valiente
Constante	Organizado	Trabajador	Regulado	Flexible
Cooperativo	Puntual	Fiel	Colaborador	Positivo
Prudente	Enérgico	Sociable	Independiente	Sensato
Humilde	Analítico	Detallista	Tolerante	Sincero

- ¿Qué aspectos admiras del resto? ¿Qué características tienen que te hacen admirarlos?
- ¿Qué tienen esas personas que te hacen sentir comodidad a su lado?
- ¿Qué características de una persona hacen que realmente te guste?

Una vez que la tengas, te propongo que, en lugar de mirar afuera, ahora mires adentro. Hacer esta lista, pero de otras personas, suele ser más sencillo que hacerla de uno mismo; por eso te he propuesto este ejercicio. Ahora, me gustaría que verificases cuántas de esas cualidades las tienes tú. **Te sorprenderá ver la cantidad de aspectos que admiras del resto y que te definen a ti también.**

4
Profundiza en
tus fortalezas

Quizá pienses que has valorado ya tus fortalezas, pero es necesario que lo hagas más. Es importante dedicar tiempo y esfuerzo a reconocer y apreciar las cualidades positivas que nos forman. Estamos acostumbrados a minimizarlas, y no solo a eso, sino también a mantener el foco en nuestras limitaciones. **Como llevas tanto tiempo fijándote en tus limitaciones, ahora vas a cansarte de resaltar tus fortalezas.**

Te animo a que trates de encontrar el máximo número posible de fortalezas, y evita que estas sean ambiguas.

A continuación, te pongo ejemplos de maneras de fortalecer las que consideras tus fortalezas y, por tanto, transformarlas en afirmaciones más precisas:

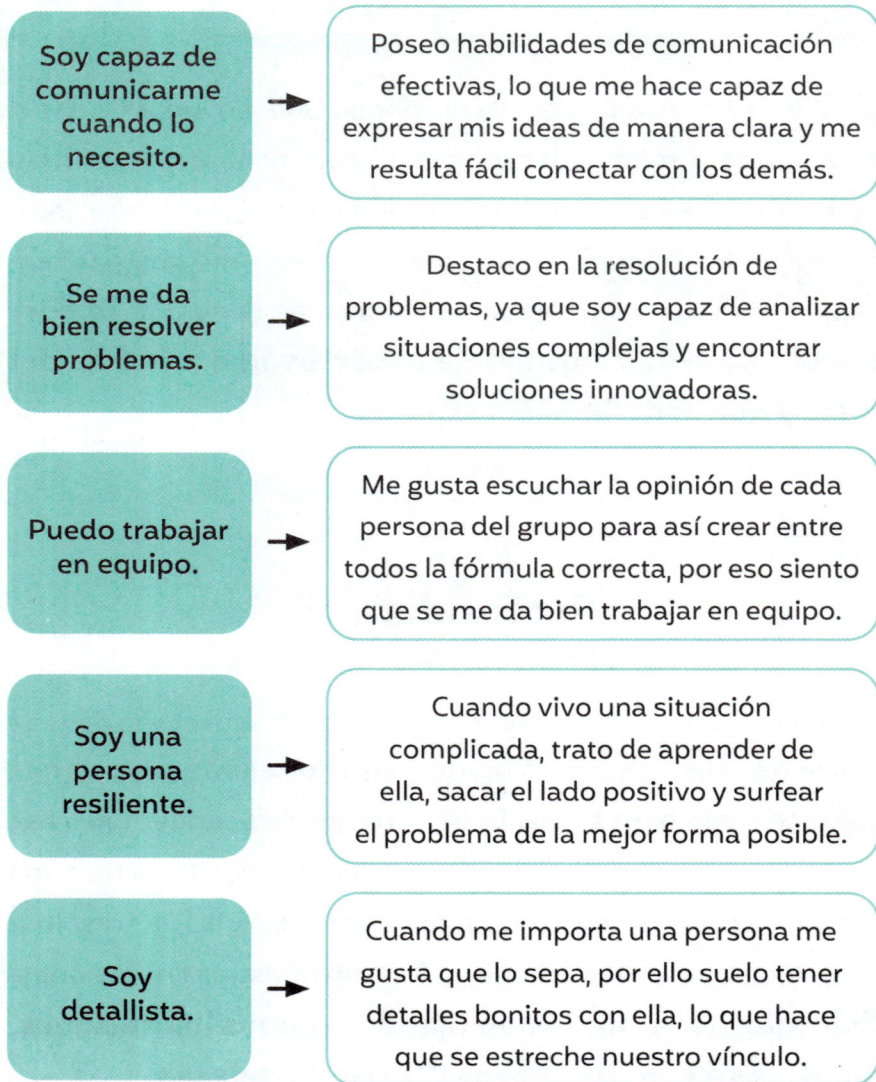

Soy capaz de comunicarme cuando lo necesito.	Poseo habilidades de comunicación efectivas, lo que me hace capaz de expresar mis ideas de manera clara y me resulta fácil conectar con los demás.
Se me da bien resolver problemas.	Destaco en la resolución de problemas, ya que soy capaz de analizar situaciones complejas y encontrar soluciones innovadoras.
Puedo trabajar en equipo.	Me gusta escuchar la opinión de cada persona del grupo para así crear entre todos la fórmula correcta, por eso siento que se me da bien trabajar en equipo.
Soy una persona resiliente.	Cuando vivo una situación complicada, trato de aprender de ella, sacar el lado positivo y surfear el problema de la mejor forma posible.
Soy detallista.	Cuando me importa una persona me gusta que lo sepa, por ello suelo tener detalles bonitos con ella, lo que hace que se estreche nuestro vínculo.

5
La **ventana**
de Johari

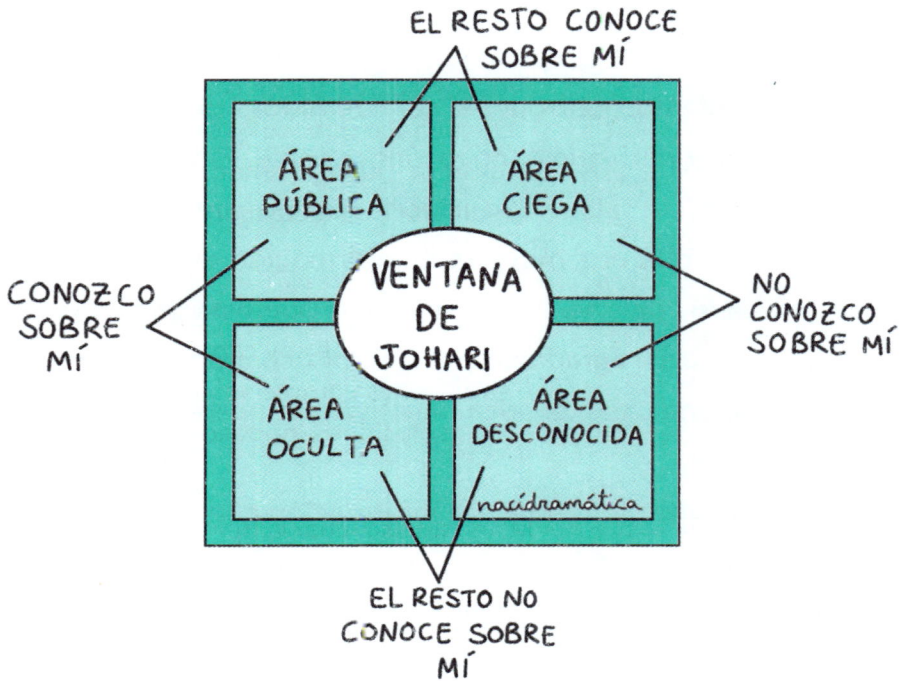

Esta herramienta te va a ayudar a conocer mejor cómo te ves a ti y cómo te ven los demás. Puede que te inspire para verte a ti como te ve el resto. Se llama ventana porque cuenta con cuatro cuadrantes. La inventó Harrington Ingham.

- **Área pública:** es la información de ti que conoces y que muestras a los demás, ya sea buena o mala. Son comportamientos, habilidades, creencias y experiencias que compartes abiertamente con los demás. La persona que se mueve dentro de esta área se muestra tal cual es, no tiene miedo de que el resto la conozca y, por tanto, vive de forma más sana.

- **Área ciega:** se trata de la información de ti de la que no eres consciente, pero el resto sí. Esta puede incluir comportamientos, patrones o características que los demás perciben, pero que tú no reconoces en ti. Es lo que comunicamos sin saberlo. Es importante tener interés por esta área, ya que nos muestra la información que transmitimos a los demás. En ocasiones, recibir esta información puede no ser agradable, por ejemplo, cuando nos comentan alguna característica negativa que nosotros no reconocemos.

- **Área oculta:** se refiere a la información que conoces de ti pero que ocultas al resto. Son sentimientos, ideas, secretos o miedos que queremos ocultar a los demás. Puede que los ocultemos porque pensamos que no nos van a comprender o apoyar, o que no es aceptable para el resto.

- **Área desconocida:** es la información que no conoces ni tú ni el resto. En esta área se encuentran aquellas capacidades o habilidades que se hallan ocultas, también sentimientos reprimidos, miedos o fobias.

Para completar tu autoconcepto, te propongo hacer el ejercicio relacionado con esta herramienta.

Para ello:

- Escoge seis características que pienses que de verdad te definen.
- Pide a varias personas de tu entorno que hagan una lista de seis características que crean que te definen.
- Crea tu ventana de Johari.

  ○ En el área pública, escribe los atributos que hayáis identificado tú y al menos otra persona.
  ○ En el área ciega anota los aspectos que otros han utilizado para definirte pero que tú no has apuntado.
  ○ En el área oculta escribe esas características que has anotado pero que el resto no.
  ○ En el área desconocida, escribe el resto de los rasgos que no se incluyen en las otras áreas. No significa que sean parte de tu subconsciente, simplemente se utiliza esta área como el área de descarte.

Al hacer este ejercicio puede que encuentres fortalezas o limitaciones que no sabías que tenías y que pueden ayudarte a realizar el inventario del autoconcepto. También puede servirte para fijarte en el área oculta y tratar de reducirla. Las personas más sanas se mueven más en el área pública y menos en el área oculta, y por tanto son más honestas en sus relaciones. Por otro lado, tratar de extraer información del área ciega puede ser útil para conocerte mejor.

6
Árbol de
los logros

Esta técnica se utiliza mucho para trabajar la autoestima. Va a hacer que durante unos minutos te centres en tus cualidades, logros y capacidades, y, por tanto, va a centrarte en tu parte positiva y te va a ayudar a conectar con ella y sentirla más cerca.

Vas a necesitar tu libreta.

El ejercicio consta de dos partes, y cada una de ellas la realizarás en una página diferente.

Parte 1: listas
- Lista 1: vas a centrarte en ti y a empezar a escribir todas tus cualidades y los aspectos que consideres positivos de ti; estos pueden ser cualidades personales (sinceridad, diligencia...), sociales (empatía, sinceridad...), intelectuales (agilidad mental, buena memoria...), físicos (belleza, velocidad...), etc.
- Lista 2: escribe todos los logros que has alcanzado a lo largo de tu vida. No importa lo grandes que sean, lo importante es que sientas orgullo de haberlos conseguido. Haz una lista lo más larga posible.

Parte 2: árbol de tus logros

- Vas a hacer un dibujo de un árbol, con sus raíces, ramas y frutos de diferentes tamaños.

- En las raíces vas a ir colocando los aspectos que consideras importantes y positivos de ti (primera lista). En las raíces más grandes colocarás los aspectos que te parecen más importantes. Así, los que piensas que han sido menos importantes para conseguir tus logros, los pondrás en las raíces más pequeñas.

- Al igual que con las raíces, vas a ir colocando tus logros (segunda lista) en los frutos. Los logros más importantes, ponlos en los frutos más grandes, y los menos importantes, en los más pequeños.

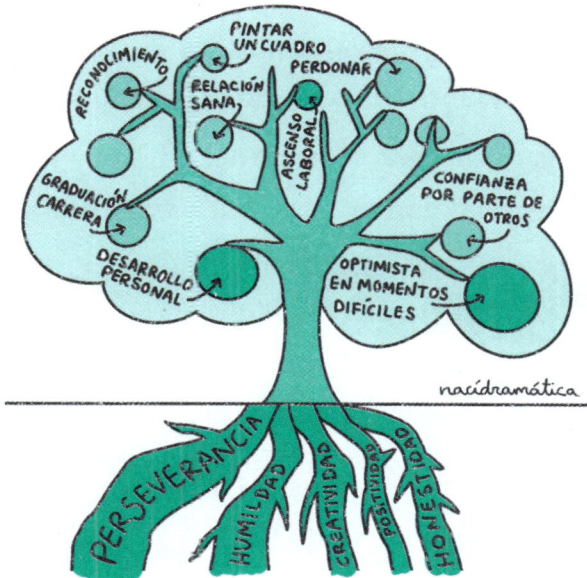

EL ÁRBOL DE MIS LOGROS

Puedes pedir a alguien importante para ti que te ayude a encontrar más raíces y frutos (tal vez esa persona vea cosas que tú en estos momentos no ves, tanto logros como cualidades).

Cuando termines tu árbol, míralo durante unos minutos y reflexiona. **Puede que no fueses consciente de todas las cualidades que te componen y de todo lo que has logrado gracias a ellas.**

7
Busca ejemplos de **tus fortalezas** que se demostraron
del pasado

Para integrar toda esta evaluación de forma eficaz, te recomiendo recordar momentos y situaciones concretos del pasado para demostrar que esas fortalezas están en ti. Esto te ayudará a creer y asentar tu evaluación.

Elige varias palabras o frases de tu lista de cualidades y haz memoria.

Ejemplo:

- **Amable:** el mes pasado, cuando vi que mi vecina necesitaba ayuda con la compra, la acompañé hasta su casa cargando parte de las bolsas para que no se hiciese daño en la espalda.
- **Resiliente:** cuando estuve en el hospital, los médicos no sabían bien lo que me ocurría y tuve que estar allí varios

EL AUTOCONCEPTO Y LA AUTOESTIMA

meses con un alto nivel de incertidumbre. Esto me hizo ver que era más fuerte de lo que creía, y puse todo de mi parte para que esa época fuera lo menos incómoda posible para los que me rodeaban.

- **Fiel:** cuando alguien me cuenta algún secreto, soy una tumba. Aunque otras personas me pregunten por lo ocurrido, de mi boca no sale una palabra. Por eso, muchas personas confían en mí a la hora de contar sus intimidades.

- **Solidario:** cuando hago limpieza de armario, siempre doy mi ropa a las personas que más lo necesitan de mi ciudad. También realizo voluntariados con el fin de ayudar a las personas que lo requieren.

De toda tu lista de cualidades y características positivas, vas a elegir cuantas más palabras mejor. Este ejercicio te ayudará a interiorizar tus fortalezas.

8
Una **nueva** evaluación de ti

Ahora que ya has reflexionado, revisa lo que apuntaste sobre ti en la herramienta 1. Es momento de llevar a cabo una nueva evaluación de ti. Será necesario que te distancies de la forma en la que te percibes y empieces a valorar equilibradamente tus fortalezas y limitaciones. Esta nueva evaluación debe ser resultado de lo que has estado haciendo en las herramientas anteriores. El objetivo es que esta sea mucho más precisa y justa que la primera que hiciste, y que incluya las que consideras que son tus limitaciones y fortalezas ya corregidas.

9
Tu yo ideal: trabaja en él
un poco cada día

Para alcanzar unos niveles más altos de autoestima, es necesario mejorar tu autoconcepto. El hecho de haber realizado una nueva evaluación de ti hace que tengas una evaluación más precisa, pero no solo sirve con esto. Para fortalecer tu autoestima, tienes que ver qué limitaciones quieres mejorar. **Para trabajar en tu autoconcepto, puedes empezar a hacer cada**

día alguna acción relacionada con tu yo ideal, es decir, en relación con cómo te gustaría ser en un futuro.

- ¿Cuáles son las limitaciones que más me incomodan?
- ¿En qué limitaciones debo trabajar para aumentar mi autoestima?
- ¿Por cuáles puedo empezar? ¿Hay algunas más fáciles de trabajar?

Te propongo que cada día realices una acción que te acerque más a ese autoconcepto deseado. Por ejemplo, si te consideras una persona perezosa y te gustaría serlo menos, vas a tratar de tomar acción en esas situaciones que no harías normalmente por pereza.

Para empezar a **construir una autoestima** sana es necesario construir un **autoconcepto** que se ajuste lo máximo posible a la realidad, que sea objetivo **y sin distorsiones**.

LA AUTOCRÍTICA

"NO SABES NADA, ERES MUY INCULTO"
"ABURRES A TODOS"
"ERES FEO"
"NUNCA VAS A LOGRARLO"
"¿NO TE DAS CUENTA DE QUE NUNCA LO HACES BIEN?"
"ERES UN DESASTRE"
"SIEMPRE DECEPCIONAS"
"NADIE VA A QUERERTE"
"NO SIRVES"
"DEBERÍAS ESTAR PARA LOS DEMÁS SIEMPRE"
"ERES UNA CARGA"

NADIE ME HABLA TAN MAL COMO YO ME HABLO. NUNCA LE HABLARÍA ASÍ A NADIE...

nacidramática

Todos contamos con un crítico interno que «vive» en nuestra cabeza. A pesar de que su objetivo es ayudarnos a mejorar, puede llegar a ser nuestro peor aliado, ya que aprovecha cualquier oportunidad para mandarnos mensajes duros, nos exige en exceso, nos culpa, nos castiga y nos desvaloriza.

Aunque todos escuchamos esta voz a diario, las personas con baja autoestima suelen escucharla más a menudo, más exigente y dura. Es capaz de llegar incluso a dominar su pensamiento. **Escuchar constantemente esta voz puede afectar, asimismo, a la percepción que tienen de sí mismas. El crítico interno funciona como un contador que solo**

tiene en cuenta lo que le interesa, es decir, los fallos. Nunca contabiliza las cosas que hacemos bien, nuestros logros o habilidades. Por eso, va destruyendo nuestra autoestima con cada crítica.

EL CONTADOR DE FALLOS

EL CONTADOR DE ACIERTOS

nacidramática

¿**Cómo funciona** esta voz crítica?

1. **Nos compara con el resto.** Cuando las cosas no nos salen como esperamos, compara nuestros resultados con los de otros, evaluando nuestros logros y habilidades, y concluye que somos peores e inferiores que el resto.

2. **Su exigencia es muy alta.** Nos impone unas metas muy difíciles de alcanzar, inflexibles, para nada adecuadas a nuestras circunstancias, y que no tienen en cuenta nuestra situación ni nuestras necesidades. Cuando no alcanzas di-

chas metas, la escuchas criticarte, te dice todo tipo de cosas, como «tonto», «lenta», «feo», «egoísta», «inepta», etc.

3. **Es adivina.** Se cree capaz de saber lo que piensan los demás, infiere que tus compañeros de clase (o de trabajo) piensan que tienes rarezas y por eso no quieren pasar tiempo contigo. También intuye que tu cita está decepcionada porque eres menos de lo que esperaba y, por tanto, quiere irse porque se aburre a tu lado. Lo peor es que es tan convincente que llega a hacerte creer todo lo que te dice.

4. **Forma parte de nuestra identidad.** Sus palabras y su voz llevan tantos años en nuestra mente que podemos llegar a no ser conscientes de su existencia ni de los efectos que provoca en nosotros. Al escucharla constantemente, llegamos a creer que sus razonamientos son válidos.

¿Qué diferencia hay **entre la autocrítica** constructiva y la destructiva?

La autocrítica destructiva está compuesta por numerosos pensamientos cuyo objetivo es culparnos por cada error que cometemos y nos convence de que nosotros somos el problema y todo es culpa nuestra. Se centra en evaluar lo que ha ocurrido o lo que hemos pensado de forma subjetiva y, por lo tanto, ignora nuestras cualidades y las cosas que hemos hecho bien. Suele ser muy desmotivadora y afecta mucho a nuestra autoestima, ya que nos dice que no podemos cambiar y que, a la larga, nadie nos va a aceptar ni va a querer tenernos en su vida. Por ello, no nos motiva al cambio ni a la mejora.

CARACTERÍSTICAS DE LA AUTOCRÍTICA DESTRUCTIVA
- Es subjetiva.
- Culpabiliza.
- Castiga.
- Es rígida.
- No explora soluciones.

La autocrítica constructiva, a diferencia de la destructiva, nos incita a mejorar sin destruir nuestra autoestima. Gracias a ella, logramos detectar dónde y cómo podemos mejorar en aquello en lo que hemos fallado, y nos permite verlo de forma objetiva, sin agrandar los fracasos ni disminuir los logros. Partimos de una base realista de lo que hemos hecho y lo que ha ocurrido. Cuando la autocrítica es destructiva, solemos quejarnos y victimizarnos por los errores que hemos cometido, pero nos quedamos ahí, no buscamos soluciones. En cambio, cuando la autocrítica es constructiva, nos encargamos de encontrar formas de solventar los errores cometidos y dar con soluciones para tratar de que no vuelvan a ocurrirnos.

Por tanto, tener una autocrítica constructiva es una gran fuente de motivación, ya que nos sentimos capaces de cambiar y mejorar. En resumen, nos permite equivocarnos, considera el fallo como algo normal y, por ello, es compasiva. Se centra en nuestro desarrollo personal y en aprender de nuestros errores.

CARACTERÍSTICAS DE LA AUTOCRÍTICA CONSTRUCTIVA

- Es objetiva.
- Es amable.
- Es flexible.
- Invita a la reflexión.
- Incita a la búsqueda de soluciones.

Observa en estos ejemplos cómo actúa cada una de ellas:

SITUACIÓN	Haces una entrevista de trabajo pero no te seleccionan.	Discutes con un amigo y llegas a perder los papeles.
AUTOCRÍTICA DESTRUCTIVA	Cuando descubres que no te han seleccionado te sientes fatal, empiezas a pensar que no vales para nada y te repites constantemente que nunca te elegirán en ningún proceso de selección. Te criticas sin parar definiéndote como incompetente.	Después de la discusión, empiezas a sentirte muy mal por la forma en la que le hablaste y las cosas que le dijiste y, en vez de reaccionar para arreglar la situación, comienzas a torturarte pensando que eres mala persona, que no cuidas tus relaciones y que así nadie va a quererte en su vida. Piensas que ya no hay nada que puedas hacer porque la has cagado hasta el fondo y que es mejor dejarlo estar.
AUTOCRÍTICA CONSTRUCTIVA	Cuando descubres que no te han seleccionado, comienzas a reflexionar sobre qué pudo haber fallado, en qué puedes mejorar o si hay algunas preguntas que no supiste contestar suficientemente bien. A partir de ahí, decides dedicar más tiempo a la preparación de tus futuras entrevistas de trabajo.	Después de la discusión, reflexionas sobre lo ocurrido y te das cuenta de que podrías haber hablado de forma más calmada y que haber sacado trapos sucios ha estado muy fuera de lugar. Lo llamas para pedirle disculpas y le comentas que te gustaría hablarlo en persona para dejar el tema zanjado y evitar futuros rencores.

Funciones y objetivos de la
autocrítica destructiva

Aunque no se vea a simple vista, la autocrítica destructiva suele tener su razón de ser.

Una autocrítica destructiva puede tener beneficios a corto plazo o propósitos ocultos, y comprender los objetivos y funciones de la autocrítica es un paso muy importante para mejorar nuestro diálogo interno. Veamos algunos casos en este sentido:

- **Enfrentarnos al miedo al rechazo.** En ocasiones, esta autocrítica puede ser una estrategia para enfrentarnos al miedo a ser rechazados. Puede que tu voz interna te diga «Te van a echar del trabajo, no lo haces suficientemente bien» o «Tu pareja te va a dejar, ya no le gustas tanto como antes». Y, aunque cueste imaginarlo, anticipar el peor escenario posible puede protegerte de vivir una situación dolorosa imprevista. Si tu voz interna te dice «Tus dientes son feos» o «Eres muy bajo», y en algún momento otras personas te lo dijesen, te afectará mucho menos.

- **Enfrentarnos al miedo al fracaso.** Esta voz interna también puede aparecer con intención de reducir el miedo al fracaso. Imagina que te planteas trasladarte a otro país con idea de vivir nuevas experiencias, pero tienes una gran inseguridad ante tal decisión. En ese caso, la autocrítica te dirá «Seguro que allí no consigues estar a gusto», «Ya eres mayor, te costará hacer amigos», «No entiendes bien el idioma y no encontrarás un trabajo decente». Para reducir la ansiedad que te producen tus dudas e inseguridades, la autocrítica te lanza estos mensajes y conseguirá reducir tus niveles de ansiedad. Y, al decidir que es mejor no hacer ese cambio, puede proporcionarte un alivio temporal, eliminando o posponiendo tus deseos de cambio y la toma de decisiones.

- **Lidiar con emociones desagradables.** En ocasiones, la voz crítica aparece para reducir el malestar que nos provocan algunas emociones consideradas como desagradables: la ira, la frustración o la culpa. Por ejemplo, estar enfadado con alguien que queremos es muy incómodo. La voz interna crítica puede aparecer para echarte la culpa de lo ocurrido. Te dice «No te pusiste en su lugar», «Le hablaste muy mal», «No tuviste en cuenta su opinión». De esta forma se reduce esa incomodidad ante la idea de estar enfadados con alguien que queremos. La autocrítica también puede ser útil para lidiar con la frustración. Por ejemplo, ante un estrés laboral muy alto y una gran carga de responsabilidades, decirnos cosas como «Madre mía, en qué momento he elegido esta vida» o «Siempre me acaban tocando a mí todas las responsabilidades porque no sé poner límites». Con esto expresamos lo enfadados que estamos con nosotros mismos y esto puede hacer que nos desahoguemos y descarguemos, lo que a su vez puede ayudar a lidiar temporalmente con la sobrecarga y frustración que sentimos. Además, al poner la atención en las limitaciones que tenemos, podemos sentir cierto control de la situación.

Es **importante destacar** que, aunque la autocrítica puede proporcionar alivio temporal a través de estos mecanismos, a largo plazo suele tener más **efectos negativos en la autoestima**. Conocer estas funciones es imprescindible **para poder trabajar en ella**.

HERRAMIENTAS PARA GESTIONAR TU VOZ CRÍTICA

10
Identifica tu voz crítica

A veces se encuentra muy interiorizada, pero identificar estas características en tu discurso interno es el primer paso.

- Usas palabras extremistas: «siempre», «nunca», «debería», «soy tal o cual cosa»…

- Te describes con adjetivos muy desagradables: «inculto», «tonta», «feo», «aburrida», «mentiroso», «desagradecida»...
- Muy a menudo te sientes mal, insuficiente.

¿Qué cosas te dice tu voz crítica?

Dedica especial atención durante unos días a observar tu voz interna crítica.

Haz una lista de las críticas más frecuentes y anota las diferentes situaciones en las que aparecen.

11
Tu voz crítica es una de
tus varias voces internas

Cada vez que aparezca esta voz crítica, trátala como una de las muchas voces internas que tienes. Por ejemplo, si te dice «No vistes bien», transforma el comentario en un mensaje más específico, como: «La voz crítica que tengo dentro de mí me está diciendo que no visto bien».

Debes ser consciente de que **la autocrítica no proviene de todas tus voces ni de todo tu «yo» interior, sino de una parte o una voz entre todas ellas**, y que, al igual que tienes voces críticas, también debes tener voces buenas que te apoyen.

Tener en cuenta esto te ayudará también a buscar lo que dicen las otras voces, las voces más compasivas y las no críticas, lo cual te ofrecerá otro punto de vista. Esto te será muy útil cuando las autocríticas sean muy frecuentes y fuertes, y te hagan sentir un gran malestar.

12
Exponte a situaciones en las que tu **voz crítica interna** pueda
ponerse en marcha

Para conocer mejor tu voz crítica, te propongo exponerte a las siguientes situaciones (si no puedes o no te atreves, puedes imaginar cuál sería tu diálogo interno en dicha situación).

- **Conoce gente nueva.** Observa tus pensamientos al conocer nuevas personas. ¿Han surgido pensamientos críticos sobre tu apariencia o valía?
  Ejemplo: «Van a pensar que aburro», «Nunca digo cosas interesantes».

- **Permítete equivocarte o tener fallos.** Por ejemplo, si estás aprendiendo a tocar un instrumento y decides hacerlo delante de otras personas (amigos, familia...), ¿te castigas por cometer errores o más bien los aprovechas para mejorar?
  Ejemplo: «Ahora se piensan que no sé hacerlo bien», «He hecho el ridículo», «Siempre la cago».

- **Habla con una persona que te parece atractiva o te llama la atención.** ¿Sientes incomodidad? ¿Piensas que no vas a interesarle? ¿Crees que deberías irte porque estás haciendo el ridículo? ¿Dudas de tu forma de vestir? ¿Te sientes insuficiente como para hacer esto?

  Ejemplo: «Es más atractiva que yo», «Seguro que tiene detrás otras personas mucho mejores que yo», «Debería irme, estoy haciendo el ridículo», «Con esta ropa que llevo es imposible llamar la atención de nadie».

- **Exponte a situaciones en las que podrían excluirte.** Por ejemplo, vas a un evento en el que no conoces a nadie. ¿Qué te dices mientras estás de camino al lugar?

  Ejemplo: «No he encajado nunca, hoy tampoco va a pasar», «Todo el mundo estará en grupo menos yo», «Todos van a darse cuenta de que no me llevo con nadie y va a parecer raro».

- **Pon atención a tu diálogo interno cuando alguien se enfade contigo.** ¿Qué piensas? ¿Te echas toda la culpa?

  Ejemplo: «Siempre arruino todos los momentos», «Soy mala persona», «Todo ha sido culpa mía».

Tomar conciencia de tu diálogo interno puede ayudarte a identificar patrones autocríticos. También puedes utilizar estas ideas para ir exponiéndote a situaciones en las que podría aparecer esta voz crítica. Así, poco a poco te irán afectando menos sus palabras, dado que la identificarás y serás consciente de que siempre está ahí y siempre va a estar comentándolo todo.

13
Humaniza **tu parte crítica** y conoce tu parte compasiva

PARTE
CRÍTICA

SIEMPRE QUE APARECE
LA PARTE CRÍTICA
TAMBIÉN APAREZCO YO,
SOLO QUE A VECES
TIENES QUE BUSCARME

nacidramática

PARTE
COMPASIVA

Es momento de reconocer a tu parte crítica y presentarte a tu parte compasiva (que seguramente no aparezca demasiado en tu día a día), para empezar a tratarlas como un dúo porque, cuando esté una, sí o sí tiene que estar la otra.

Recuerda un pensamiento tras el cual te criticaste bastante, por ejemplo: «Siento que no dedico mucho tiempo a mi familia y seres queridos». ¿Tienes el tuyo?

PARTE CRÍTICA:

Es momento de recordar cómo te criticaste, qué te dijiste. «Ni siquiera eres capaz de cuidar a las personas que más te quieren, te organizas fatal y poco a poco van a dejar de tenerte en cuenta».

Con la parte crítica tenemos trabajo. Necesitas humanizarla, ponerle nombre. Por ejemplo, «el Crítico interno», «el Exigente» o «el Militar»; elige un nombre con el que sientas comodidad y con el que la identifiques. Ahora imagina cómo es físicamente. Tu crítico interno tiende a señalar errores, imperfecciones y áreas de mejora, normalmente lo hace de forma negativa. Identificar esta voz crítica es el primer paso para abordarla de manera compasiva y constructiva. Piensa un nombre y una imagen para ella y reconócela mediante diferentes ejemplos para lograr desvincularte y sentirla como externa, como si te hablase desde el exterior. Al ponerle nombre e imagen, puedes reconocerla cuando comienza a hablar; entonces puedes trabajar en separar su voz de tu propia identidad, lo que te permitirá abordar sus críticas de una manera más objetiva y amable.

PARTE COMPASIVA:

Una vez que has humanizado a tu parte crítica, es momento de presentarte a tu parte compasiva, tu gran aliada. Siguiendo con el ejemplo anterior, la parte compasiva diría algo así como: «Es cierto que últimamente he mostrado un poco de desconexión hacia ellos, pero he empezado en mi nuevo trabajo y estoy adaptándome y trabajando más horas de lo habitual. Los voy a llamar para recordarles cuánto los valoro y explicarles que tengo muchas ganas de volver a verlos; seguro que me entenderán».

Tras identificar en tu ejemplo cómo hubiera respondido tu parte compasiva, también vamos a ponerle nombre. «Amigo interior», «la Voz compasiva» o «mi Luz ante las críticas». La parte compasiva será útil para enfrentarte a tus autocríticas. Cuando reconozcas que ha aparecido tu parte crítica, automáticamente llamarás a tu parte compasiva para que diga su punto de vista. De esta forma, siempre tendrás los dos argumentos.

14
Recuerda una situación en la que **te criticabas...** ¿Qué hubiera dicho tu parte compasiva?

Ahora, llévalo a la práctica. Te voy a poner un ejemplo para que comprendas cómo utilizar la herramienta anterior, pero quiero que adaptes dicho ejemplo a una situación en la que tú recuerdes que te culpabilizabas. En la herramienta 1 puedes encontrar muchos más ejemplos.

Para ello:

- Compartes piso y el jueves te tocaba limpiar la cocina y el salón. Ese día te encuentras mal, duermes toda la tarde y cuando te despiertas son las once de la noche. En ese momento decides que ya limpiarás mañana.

- **¿Qué te dice tu parte crítica?**

  «Eres muy poco responsable», «Sabías desde hacía semanas que este día tenías que limpiar», «Podrías haberlo hecho por la mañana, que la tenías libre», «Bien que a ti te gusta que tus compañeros de piso limpien el día que les toca» «Luego no te quejes si tus compañeros de piso no cuentan contigo para hacer planes o son fríos».

- **¿Qué haría tu parte compasiva para hacerte sentir menos culpable? ¿Qué te diría que podrías hacer?**

  «Te encontrabas mal, cualquier persona hubiera pospuesto la limpieza en tu situación», «Siempre limpias el día que te toca, esto ha sido una excepción», «Aunque te retrasaste un poco, finalmente lo hiciste, ya que al día siguiente lo limpiaste todo a primera hora», «Nadie te lo va a tener en cuenta porque ya has pedido disculpas».

15
¿Todo lo que te dices es cierto?
Pon en duda los comentarios
que te haces

En ocasiones, los comentarios que nos hacemos son extremos y para nada reflejan la realidad. Por ejemplo, ante una situación en la que te preguntan algo que no sabes, tiendes a decirte «Qué tontaina soy, nunca sé contestar nada». En cambio, casi nunca te dices «No sé esa respuesta, pero no pasa nada, nadie lo sabe todo». El primer tipo de afirmaciones, que en psicología llamamos **distorsiones cognitivas**, son mucho más frecuentes y para nada las ponemos en duda cuando deberíamos intentar hacerlo.

Quiero compartir contigo este conjunto de preguntas para cuando detectes que te estás haciendo comentarios extremos. Ante el ejemplo anterior:

1. **Comprueba si has resumido de forma excesiva la situación.** ¿Te has fijado únicamente en una situación de tu vida? ¿Nunca sabes contestar nada? ¿Siempre te equivocas o te quedas en blanco? ¿Nunca en toda tu vida te han hecho una pregunta que hayas sabido responder?

2. **Cuestiona la validez de la etiqueta que te has puesto.** ¿No saber contestar una pregunta significa que eres tontaina?

3. **Pon a prueba la evidencia de tus afirmaciones.** ¿Cómo sabes que equivocarte en una pregunta significa que eres tontaina? ¿De dónde has sacado esa información? ¿Es posible que no sea cierto?

Puedes ver un ejemplo de cómo sería este conjunto de preguntas ante la afirmación «Soy una persona muy fea».

- **Resumen.** ¿Son todas las partes de tu cuerpo feas? ¿Todas? Seguramente puedas enumerar las partes de ti que menos te gustan; si piensas que eres una persona fea, hazlo. Y, ahora de nuevo, ¿todas tus partes son feas? La respuesta podría ser «No me gustan ni mi boca ni mis caderas», pero eso no es «todas las partes». Ahora bien, reflexiona sobre cuáles son las partes de tu cuerpo que sí te gustan. Por ejemplo, podrías decir «Mi pelo, mis ojos y mis piernas». Con esta técnica verás que estás utilizando tres características de ti para definirte, cuando en realidad eres mucho más, y muchas de tus partes sí te gustan.

- **Validez de la etiqueta.** ¿Son exageradamente feas tu boca y tus caderas? Reflexiona sobre esto. ¿Podrían ser más feas? ¿O simplemente no te parecen bonitas? ¿No son tan bonitas como te gustaría? Ahora piensa en qué te diría la parte compasiva. Puede que una posible respuesta fuese «Me encanta la forma de mis piernas, el color y la forma de mis ojos y la densidad de mi pelo».

- **Evidencia.** Si algunas partes de tu cuerpo no te gustan, ¿ya puedes definirte como una persona fea? ¿Dónde pone que si algunas partes de tu cuerpo no son tan bonitas como te gustaría eres alguien feo?

16
¿Cual está siendo **el coste**
de tus críticas?

Para conseguir alejarte de tus críticas y dejar de hacer caso a esa parte tuya que te habla tan mal, te será muy útil fijarte en cuál está siendo el coste de escuchar tus críticas, qué estás perdiendo, qué estás dejando de hacer.

Ejemplo:

- No quedo tanto con mis amigos porque pienso que no soy una persona divertida.
- Cuando tengo que hacer frente a mi jefe para comentarle que no estoy de acuerdo con mis condiciones laborales, me acabo callando porque pienso que me va a despedir.
- Tengo miedo a hacer actividades nuevas porque siento que me equivocaré.
- No disfruto de mis éxitos porque siempre encuentro defectos en lo que hago y esto me impide celebrar mis logros.
- Evito hacer deporte delante de otras personas porque no me gusta mi apariencia física y pienso que van a juzgarme.
- Hace tiempo que no tengo pareja y tampoco me esfuerzo en buscarla, porque siento que no soy suficientemente interesante como para que alguien me elija de forma exclusiva.
- Suelo estar a la defensiva con mi hermano y eso ha afectado a nuestra relación.

Ver los costes por escrito impacta y te muestra de forma desmenuzada todo lo que te está costando escuchar tus críticas y cuánto te están condicionando estas en tu día a día.

17
Respóndele a
tu voz interna

Antes hemos comentado las funciones ocultas de tu voz interna; tus pensamientos, por muy duros y crueles que sean, pueden ser positivos en ese momento o a largo plazo. Para que logres ver esta parte positiva, quiero que te hagas las siguientes preguntas:

- ¿Recuerdas alguna situación en la que la autocrítica de verdad te ayudase?
- Si no hubieran aparecido dichos pensamientos, ¿qué hubieras sentido o hecho?
- ¿Hay algo que te ha enseñado la crítica?

Ahora bien, la crítica no es la única forma posible para lidiar con el miedo al rechazo o al fracaso, por ejemplo. Es cierto que la frase «Te van a echar del trabajo, no lo haces suficientemente bien» puede ayudarte a que, si al final te echan, sientas que lo has estado preparando, pero ¿no crees que deben existir formas más compasivas de enfrentar este miedo? **Es momento de descubrir cómo puedes enfrentarte a este miedo sin necesidad de utilizar la autocrítica destructiva.** Por ejemplo, podrás decir «Voy a analizar mis fortalezas y áreas de mejora de manera objetiva y voy a buscar retroalimentación de mis superiores para verificar si estoy haciendo las cosas bien». De esta forma, sabrás cómo está todo ahora, si hay algo que tengas que cambiar o mejorar y, con ello, te estarás enfrentando a ese miedo al rechazo adelantándote.

La **autocrítica** siempre va a estar en nuestra cabeza comentando todo lo que **hacemos y decimos**, pero podemos utilizarla como una herramienta constructiva que nos brinde ideas **para crecer y mejorar**.

LA CULPA Y
el perdón

Estas dos palabras suelen ser la raíz de muchísimos de nuestros problemas a lo largo de la vida. Por eso, es un área de trabajo especialmente importante para casi todas las personas. Son dos conceptos interrelacionados, así que vamos a conocerlos a fondo uno por uno.

LA CULPA

La culpa es una emoción que nos hace sentir un alto nivel de malestar y que suele aparecer cuando infringimos alguna ley, una norma o un compromiso, o ante el cometimiento de algún error. Se manifiesta cuando creemos que no hemos hecho algo bien o como tocaba y cuando nos juzgamos o nos juzgan por nuestros actos.

La culpa es una emoción secundaria, por ello no la podemos sentir nada más nacer. No es innata, sino aprendida. A diferencia de las emociones primarias, que son universales y para todos iguales, las secundarias dependen del entorno y la cultura. Son resultado de la combinación de emociones primarias. Las emociones secundarias son, por ejemplo, el orgullo, la vergüenza o los celos, entre muchas otras. Es decir, **aprendemos a sentirnos culpables, ya que no podemos sentirnos culpables si no conocemos los valores, normas y reglas propios de la sociedad y la familia en que vivimos**.

Cada emoción tiene su función y es adaptativa; si la sentimos, por algo es. Pero es cierto que en ocasiones se hacen comentarios sobre ella, como «No debes sentir culpa» o «Rechaza esa emoción», y tener estas ideas interiorizadas puede llegar a ser un problema. **La culpa es totalmente necesaria; igual que comprendemos que estar triste es válido, sentirse culpable también lo es. Todas las emociones tienen una función.** Es necesaria de forma racional, nos hace falta para poder convivir en sociedad, regular conductas sociales indeseables e incitar a quienes han hecho algo mal a reparar el daño provocado.

Pero ojo con la culpa: es conveniente conocer las diferentes situaciones en las que nos sentimos culpables y saber discernir entre una culpa que debemos rechazar (porque es desadaptativa y patológica) o que debemos integrar porque puede sernos muy necesaria.

- **Culpa externa: se nos impone desde fuera.** Ejemplo: «Mis padres son abogados y siempre me han dicho que estudiar Derecho me abrirá las puertas en el futuro, pero lo que me encanta es dibujar y pintar, así que estoy estudiando Bellas Artes y me siento culpable por ello».

  → Se trata de una imposición que viene desde fuera, con la que no te sientes identificado, y no haces daño a nadie tomando esas decisiones.

- **Culpa trágica: ajena a nuestra responsabilidad.** «Si ese día le hubiera dicho que comiéramos juntos, no habría cogido el coche y no hubiera sufrido el accidente mortal». Te culpas por un hecho muy trágico del cual no tenías control en absoluto y que para nada es culpa tuya que esa tragedia ocurriese.

  → Cuando la culpa no se puede transformar en responsabilidad, entonces suele ser patológica. Si sientes culpa constante por casos como el de este ejemplo, se trataría de esa culpa que hay que «evitar sentir» y que hay que rechazar.

- **Culpa por responsabilidad: ante algo que consideramos que no está bien o que daña a otras personas.** Ejemplo: «Le prometí a una de mis mejores amigas que la ayudaría a organizar su fiesta de cumpleaños, pero de repente me ha surgido una cantidad de trabajo superior a la habitual y no voy a cumplir mi palabra, me siento fatal». Te culpas por no haber podido cumplir un compromiso, lo puedes arreglar ofreciendo ayuda y organizándote mejor otro día.

  → Es útil sentir culpa para saber que no lo hicimos del todo bien, así como disculparnos y hacer algo por arreglar la situación, como, por ejemplo, ayudarla en otro momento que lo necesite.

¿Cómo afecta sentirnos culpables a nuestra autoestima?

La culpa desencadena una autocrítica intensa, y nos lleva a juzgarnos negativamente y a ver nuestras acciones e incluso a nosotros mismos como «defectuosos». Este proceso contribuye a una percepción negativa de la persona que somos. La culpa también nos hace sentir que no merecemos amor, éxito o felicidad. Internamente nos castigamos, creyendo que debemos «pagar» por nuestros errores, lo que afecta directamente a nuestra autoestima. **Experimentar una culpa intensa a menudo nos impulsa a evitar consciente o inconscientemente oportunidades positivas.**

Esta evitación perpetúa la baja autoestima al limitar nuestro crecimiento y desarrollo. Sentirnos culpables puede llevarnos a no permitirnos disfrutar de experiencias positivas, ya que creemos que no las merecemos. Esto afecta a nuestra percepción personal y a nuestra capacidad para experimentar la alegría. **La culpa también nos hace resistirnos a aceptar cumplidos de otros, ya que sentimos que no merecemos la aprobación de los demás y esto contribuye a una baja autoestima.** Además, la culpa activa un diálogo interno negativo y rumiativo. Nos menospreciamos por nuestros errores, y generamos una sensación de incapacidad para superarlos. Este diálogo afecta profundamente a nuestra autoimagen y autoeficacia.

Sabemos perfectamente culparnos; de hecho, lo hacemos cada día, pero nos cuesta mucho pedir perdón y perdonar, tanto a los demás como a nosotros mismos. Todos hacemos cosas mal y, al igual que a todos nos han hecho daño, también nosotros hemos hecho daño a otros. Cuando analizamos lo que ocurrió y aceptamos el daño que hemos causado, empezamos a culpabilizarnos y torturarnos. «¿Cómo pudiste hacerle eso?», «No mereces que nadie confíe en ti», etc. Pero no sabemos cómo «arreglar» lo que hemos hecho.

Cuando éramos pequeños nos castigaban porque habíamos hecho algo mal. Escuchábamos cosas como «Ahora te quedarás toda la semana sin ver la televisión». En ocasiones se nos castigaba, se nos hacía sentir culpables, pero no nos enseñaban a perdonarnos, cómo gestionar esa emoción, cómo arreglar lo que hubiéramos hecho y pedir perdón.

Trabajar la culpa no consiste en decir «No pasa nada porque haya hecho eso» ni tampoco en recriminarnos los actos. Consiste en aceptar lo que se hizo mal, actuar en la medida de lo posible para arreglar los daños y seguir.

HERRAMIENTAS PARA LIDIAR MEJOR CON LA CULPA

18
Descubre **qué hay más allá** de la culpa

No puedes cambiar algo que no aceptas. Por ello, el primer paso para autoperdonarte es aceptar que puede que haya algo que podrías haber hecho mejor. Si, por lo que sea, no te arrepientes de lo que hiciste, no sientes que podrías haberlo hecho mejor ni que tus actos fueron erróneos, entonces no puedes perdonarte.

Para reducir y afrontar el sentimiento de culpa no tienes que dejar de sentir esta emoción y eliminarla, sino aceptar que la estás sintiendo y entender su función. Para poder liberarte de la culpa, lo primero que tienes que hacer es aceptar que quieres dejar atrás esa carga. Prueba a hacerte estas preguntas:

¿Por qué me siento **culpable**?

¿Qué función **tiene la culpa**
en esta situación?

¿Me ayuda en algo **sentir culpa**?
¿Cómo me siento cuando
aparece esta emoción?

¿Para qué me siento **culpable**?

¿De qué forma puedo utilizar
esta emoción para **mejorar**?

19
Escribe todo por lo que
te sientes culpable...
por última vez

Vas a utilizar esta herramienta para decirte por última vez todas esas frases que te dices de forma recurrente. Coge tu libreta y una caja de colores y empieza a escribir.

Puedes escribir con diferentes colores, en varios tamaños, en mayúsculas o minúsculas, en distintos grosores, como tú lo sientas. Puede que escribas más grande lo que más te avergüenza, o a lo mejor más pequeño, eso depende de cada uno. Reflexiona sobre las cosas de las que te sientes culpable y escríbelas.

¿De qué te sientes **culpable**?

¿Qué crees que **deberías haber hecho**?

¿Qué **no hiciste** del todo bien?

¿Qué norma **infringiste**?

Dedica un tiempo a hacer este ejercicio, reflexiona y recuerda todo lo que puedas; incluso hazlo en diferentes momentos si así lo necesitas, pero teniendo siempre en cuenta que es la última vez, porque todo eso ya no puedes cambiarlo. Y cuando lo termines lo vas a romper tanto física como mentalmente. Para siempre.

NO MEREZCO SER FELIZ · FUI · ME DI CUENTA · NO · ROMPÍ · Le grité · EGOÍSTA CUANDO · SU JARRÓN · LE HABLÉ MUY MAL · YA ERA · PENSÉ · FAVORITO · NO PENSÉ EN EL FUTURO · TARDE · NECESITABA · PERDIMOS · ME HE GANADO · ANTES · MI AYUDA Y · LO EL CONTACTO · A PULSO · DE · NO SE LA · QUE ME · OFRECÍ · HICE · PORQUE · YO ME · ODIE · ACTUAR · FATAL SE · SINTIÓ · ALEJÉ · NO ME · ME · ROBÉ ESOS ZAPATOS · DESPEDÍ · SIENTO · NADIE HABRÍA · MAL POR · NO CUMPLÍ · MAL · MI PALABRA · NO TUVE CUIDADO · ACTUADO TAN MAL · MI CULPA · SOLO PENSÉ · ¿POR QUE NO ME · ELLA NO · LE EN MÍ · ME HUBIERA · HICE OLVIDÉ · no · DI CUENTA? · DAÑO SU · le frené · HECHO NUNCA · CUMPLEAÑOS · NO SUPE ORGANIZARME · ALGO ASÍ · ACTUÉ · SOLO PENSABA EN MÍ · MUY MAL · nacídramática

Coge una nueva hoja y escribe «ME SIENTO CULPABLE», léelo varias veces, después tacha la palabra, pasa la página y escribe por el otro lado «SOY RESPONSABLE».

El trasfondo de este ejercicio será, por tanto, que te alejes de esa culpa que sientes, que la entierres, que te liberes y te enfoques en las soluciones y en lo que sí puedes hacer ahora y de verdad es útil. Porque, como ya has aprendido, mantenerse en el papel de víctima no tiene utilidad.

20
De la **culpa** a la
responsabilidad

Este es un paso difícil pero imprescindible para salir del bloqueo y sacar aprendizajes de lo ocurrido. Hay cuatro pasos clave:

1. **Acepta tu responsabilidad.** Aceptar que eres tú quien ha llevado a cabo ese acto y no negar o ignorar lo ocurrido.

2. **Admite los posibles daños ocasionados.** Si algo que hiciste ha afectado a otros, admitir el daño que has podido hacer a esas terceras personas y demostrar la comprensión de las consecuencias de tus actos.

3. **Repara el daño y minimiza las consecuencias.** Si como fruto de la rabia, emitiste información falsa de una persona, ahora puedes contar de forma pública que lo que dijiste ese día no es cierto, y puedes contar lo que sabes que es verdad y dejar a la persona afectada en buen lugar. En ocasiones, cuando hables con las personas afectadas, te dirán que les hiciste mucho daño, pero en otras puede que te digan «Qué va, no fue para tanto, ya ni me acordaba». Por ello este paso es muy importante, porque puedes encontrar personas que no están enfadadas o al menos no tanto como creías.

4. **Comprométete con el cambio, pero de verdad.** El autoperdón no solo se trata de lamentar el pasado, sino de que nos comprometamos activamente a comportarnos de manera diferente en el futuro. Este compromiso es necesario para reconstruir la confianza, tanto en uno mismo como en las relaciones con los demás.

21
¿En ese momento **sabías**
todo lo que sabes ahora?

Es muy común escuchar relatos del estilo «Cómo pude estar tan ciega, me trataba fatal y no me daba cuenta», «Todo el mundo sabía que esa persona no era para mí, pero yo aguantaba y aguantaba esperando que algo cambiase» o «Cada vez que me pegaba me prometía a mí misma que tenía que salir de ahí, pero después me manipulaba y finalmente no lo dejaba».

Es muy fácil mirar unos años atrás y, desde nuestra perspectiva actual, decir «Qué ciega estaba», «Qué tonta fui». Claro, **ahora tienes unos aprendizajes y experiencias acumulados que en ese momento quizá no tenías**. En ese momento no tenías las herramientas ni habilidades que tienes hoy, no lo veías igual de claro, no te veías capaz de tomar alguna decisión, tenías dudas o no lo entendías o procesabas igual que ahora.

- Recuerda cómo estaba todo en ese momento y si esas circunstancias pudieron influirte para llevar a cabo esos actos de los que te sientes culpable. ¿Alguien te presionaba? ¿Había cosas que no sabías? ¿Hubo eventos vitales que te desestabilizaron? ¿Cómo te encontrabas anímicamente?

- Reflexiona sobre lo que sabes ahora y antes no sabías. ¿Hay algo que sabes ahora que te hubiera sido útil saber en ese momento?

- Analiza los recursos de los que disponías. En ese momento ¿sabías hacerlo mejor? ¿Tenías suficientes recursos para hacer las cosas de mejor forma? ¿Te faltaba información? ¿Tenías suficiente apoyo por parte de otros? ¿Puede llegar a ser comprensible que actuases así en dicha situación? ¿Tenías posibilidades de actuar de otra forma?

- Ha pasado tiempo, ¿cómo percibes lo que ocurrió desde tu perspectiva actual? ¿La distancia temporal te hace ver lo que en ese momento quizá no veías?

Esta herramienta te permitirá conectar con la **autocompasión**.

22
Imagina que tienes a otra
persona delante
¿Qué le dirías?

A veces, nos castigamos demasiado y nos culpamos mucho más de lo que lo haríamos con otros.

Imagina que lo que le has hecho a otra persona te lo hubieran hecho a ti. Esto será muy útil para valorar si estás siendo demasiado duro contigo.

¿Sentirías el mismo enfado hacia la otra persona como el que sientes hacia ti? ¿Le hablarías igual de mal? ¿Qué le dirías si viniese a disculparse? ¿La perdonarías? ¿Conectarías con sus disculpas?

Esto te servirá para saber si te estás castigando mucho más de lo que deberías, para saber si la culpa que sientes es acorde a la magnitud de tus actos.

Imagina que te lo contase un niño pequeño. Nuestra parte compasiva aparece de forma más sencilla con los niños. Imagina que un niño pequeño te cuenta que ha hecho lo que tú has hecho. ¿Qué le dirías? ¿Te parecería tan grave? ¿Tratarías de hacerle entender que es normal cometer errores? ¿Le explicarías que, gracias a sentir esta culpabilidad, en el futuro seguramente no repita sus actos? Ponte ante el espejo imaginando que eres un niño pequeño y respóndele.

La culpa no va a hacerte arreglar el daño, pero la responsabilidad sí lo hará.

EL PERDÓN

¿Debes perdonar a alguien que te ha hecho daño? ¿Hacerlo o no hacerlo? A veces, el daño es tan profundo que cuesta muchísimo valorar la idea de perdonar, pero en la mayoría de las ocasiones es altamente recomendable tomar esta decisión, y ahora te cuento por qué.

Antes de tomar la decisión de perdonar, solemos querer que a esa persona le pase algo malo, que la vida le devuelva lo que te ha hecho, que no le vaya bien en la vida, que se haga justicia, y decimos el típico refrán de «ojo por ojo, diente por diente». Esto nos lleva a acumular rencor, lo que mantiene una unión emocional con esa persona. Antes de contarte más, me gustaría preguntarte **¿cómo crees que puede afectar estar constantemente pensando este tipo de cosas y viviendo con ese rencor acumulado?**

Aunque sea en forma de rencor, seguimos conectados a esa persona, atados, y esto va a hacer que sea muy difícil que avancemos. Ante esta situación, nos mantenemos como víctimas, y, desde esta situación, no nos motivamos al cambio y seguimos dejando que la vivencia y la persona tengan poder sobre nosotros.

Leer esto puede generar alto rechazo si se han vivido situaciones extremas, como un asesinato, una violación o maltrato. El perdón es algo voluntario; tu decisión es personal y totalmente válida y comprensible.

Perdonar no es:
- Quitar importancia a lo ocurrido.
- Olvidar lo que ocurrió.
- Aceptar lo que nos hicieron.
- Que esa persona no tenga que asumir las consecuencias de sus hechos.
- Tener que retomar la relación con esa persona.

Perdonar es:

- Convivir con un recuerdo que nos duele, pero hemos dejado atrás lo ocurrido.
- Aceptar que el pasado es pasado y que lo que pasó ya pasó.
- Un proceso personal que no tiene que ver con la persona que te hirió, tiene que ver solo con nosotros; lo hacemos por nosotros.
- Un acto de amor propio.
- Desvincularnos de las emociones negativas que nos ha podido generar este suceso.

Es por ello un acto admirable y valiente, porque demuestra que, a pesar de lo sufrido, sabemos dejar lo pasado atrás y abrazar el futuro con ilusión.

¿Qué relación existe entre el perdón y la autoestima?

Cuando no perdonamos lo que nos ha ocurrido, constantemente aparecen sentimientos y emociones muy negativos, los cuales nos hacen mucho daño. Aparece el resentimiento, la rabia, el malestar o la impotencia, y estos se van acumulando y nos afectan, a nosotros y a nuestra forma de relacionarnos con el resto.

Una autoestima sana significa ser capaz de tomar el control de la propia vida y saber que somos responsables de lo que hacemos y dejamos de hacer. Perdonar supone liberarnos de forma voluntaria de la carga emocional, el rencor y el resentimiento. Refleja madurez emocional y una gran capacidad para responder a las dificultades. Cuando perdonamos nos liberamos de numerosos sentimientos negativos, y dejamos así espacio para vernos y sentirnos de mejor forma, además de sentir paz interior.

Cuando perdonamos, nos sentimos con el control de la situación, con capacidad de tomar decisiones y controlar nuestras emociones. Decidimos de forma consciente que queremos dejar el pasado atrás como forma de amor propio, con lo que aumentamos el sentimiento de autoeficacia, muy ligado a la autoestima.

La autoestima está relacionada con el crecimiento personal. Cuando decidimos perdonar, aprendemos de lo ocurrido y crecemos a partir de estas experiencias en lugar de quedarnos en el rol de víctima. Salir de ese rol fortalece nuestra autoestima.

La habilidad de **liberarnos**
de los **resentimientos**, aprender de
las **experiencias pasadas** y tomar la
decisión de desligarnos de lo ocurrido
es fundamental para *fortalecer*
nuestra autoestima.

HERRAMIENTAS PARA APRENDER A PERDONAR

23
¿Estás **preparado** para perdonar?

Para perdonar, lo primero es sentirse preparado. «Me encantaría que pudiéramos volver a estar como antes», «Paso de seguir gastando energía y recursos en lo que ocurrió», «Siento que ha pasado mucho tiempo, ya no siento tanto resentimiento y me apetece volver a verlo y hablar las cosas», «Aunque siempre me dolerá lo que me hizo, siento que perdonarlo me ayudará a dejar el pasado atrás y avanzar». **Este tipo de pensamientos y sensaciones son los que nos indican que estamos preparados para perdonar.** En cambio, si cuando pensamos en lo ocurrido afloran numerosas emociones como ira, venganza o tristeza y sentimos un gran dolor, es posible que aún no nos sintamos preparados para perdonar. No te agobies, todo necesita tiempo, y, si es algo muy reciente, la herida aún puede estar muy abierta.

Si estás pensando en perdonar a alguien, párate y pregúntate: ¿cómo te sientes ahora con respecto a lo sucedido?

24
Reflexiona sobre tus
emociones actuales

Cuando piensas en eso que te hizo esa persona, ¿qué sientes? ¿Experimentas rabia, impotencia o resentimiento hacia esa persona? ¿Con qué frecuencia sueles sentir dichas emociones? ¿Cómo te sientes cuando aparecen? ¿Desearías dejar de sentirlas?

Para inspirarte, me gustaría que hicieras este ejercicio. Se trata de completar unas frases, lo que te ayudará a reflexionar sobre tus emociones y reconocer si existe en la actualidad ese resentimiento que hemos comentado.

- Cuando pienso en lo que ocurrió me siento... Ejemplo: herido.
- Las emociones que surgen cuando recuerdo lo ocurrido son... Ejemplo: rabia, frustración.
- Una palabra que describe mi estado emocional actual en relación con lo que pasó es... Ejemplo: presa.
- Me siento culpable por... Ejemplo: no haberme dado cuenta antes.
- ¿Cómo me ha afectado y me afecta lo que ocurrió...? Ejemplo: soy más distante con las personas que conozco.
- Me hubiera gustado que en su momento... Ejemplo: me hubieran valorado más.

25
¿Por qué **pudo hacer** aquello que hizo?
¿Qué le puedes agradecer?

Reflexiona sobre todo lo que esa persona te hizo que te dolió. A continuación, trata de enumerar los posibles motivos que la llevaron a actuar de esa forma. Aunque te cueste, ponte en el lugar de la persona, piensa que eres ella con las circunstancias que pueden haberla acompañado: desconocimiento, estado emocional alterado, inmadurez, creencias, pasado, presiones, falta de reflexión o cualquier aspecto que pueda haber influido en su comportamiento. Haz una lista de todas ellas, teniendo en cuenta que cualquier persona puede cometer un error y comportarse de forma inadecuada en algún momento de su vida.

Es cierto que esta persona te ha hecho daño con uno de sus actos en una o numerosas ocasiones, pero estoy segura de que, si es una persona que lleva muchos años en tu vida, seguramente haya hecho cosas por ti y tienes cosas que agradecerle. **Recuerda pequeños gestos, momentos compartidos y acciones que hayan tenido un impacto positivo en tu vida.** Este ejercicio puede ayudarte a cambiar el punto de vista hacia aspectos positivos de la relación, lo cual es fundamental para liberar resentimientos y avanzar hacia el perdón.

26
Visualízate
perdonando

Piensa en hoy en día antes de perdonar. ¿Te afecta sentir esas emociones que aparecen cuando piensas en esa persona? ¿De qué forma? ¿Qué te aporta no perdonar?

- Qué ocurre si no perdonas. ¿Cómo te ves en el futuro si no has perdonado? ¿Te ves dentro de unos años con ese peso a la espalda?
- Cómo te sentirías si perdonases. ¿Puede ser beneficioso? ¿Cuáles podrían ser los posibles beneficios? ¿Cómo sería tu vida sin el peso de lo vivido? ¿Qué cosas cambiarían? ¿Sientes liberación?

27
Del **por qué** al
para qué

Cuando nos sentimos heridos, constantemente nos preguntamos «¿por qué?».

¿Por qué mi madre me abandonó?

¿Por qué me ha tenido que pasar a mí?

¿Por qué me tocó vivir ese dolor siendo tan pequeña?

Los porqués solo te van a dar respuestas muy duras. «Porque no me quería lo suficiente», por ejemplo. Por ello, te van a hacer mantenerte en el daño y eso no va a acercarte al perdón.

Buscar y encontrar los «para qué le perdono» te ayudará a tener objetivos y entenderlo todo desde otra perspectiva, reinterpretando lo ocurrido y aprendiendo de ello.

Perdonar y perdonarnos es desatar las cadenas que nos atan a lo que ocurrió. Aunque el proceso pueda ser **difícil y doloroso**, cuando experimentas la liberación como resultado de **haber perdonado o haberte perdonado** a ti, agradeces haberlo hecho.

ESTABLECER Y ALCANZAR
metas

Los humanos necesitamos tener sueños y objetivos. Las metas son parte del futuro, pero brindan un «porqué» y un «para qué» a nuestro presente y nos aportan una dirección y un propósito. **Cuando establecemos una meta, trazamos un camino que nos dirige poco a poco a nuestro objetivo** y, por tanto, aporta significado a nuestras pequeñas acciones diarias.

Es común presentar problemas de autoestima relacionados con este tema. En ocasiones, aparecen cuando tenemos sueños u objetivos pero nunca damos el paso y no nos lanzamos a por ellos. Para mejorar tu autoestima, necesitas fijar objetivos, nombrar tus sueños, reconocer tus necesidades y actuar para alcanzarlas. **Las metas logran convertir nuestros sueños en realidades.** Cuando transformamos nuestros deseos en metas específicas y medibles, subimos al avión dirección a hacer reales nuestros sueños.

Pero, si nos quedamos estancados sin saber hacia dónde ir, empezamos a perder la confianza en nosotros mismos y a sentirnos cada vez más insatisfechos, lo que fomenta la aparición de inseguridad y que nuestra autoestima se vaya viendo cada vez más limitada. Cada paso que damos hacia el logro de una meta, en cambio, es una afirmación de que tenemos la capacidad para influir en el curso de nuestra vida. Cuando logramos alcanzar metas o parte de ellas, empezamos a creer en nuestras habilidades y, con ello, nuestra autoestima aumenta.

Tener sueños, objetivos y deseos no es un extra, es imprescindible. Cada uno de nosotros es diferente y, por lo tanto, cada uno va a tener sueños y metas diferentes. Esto hace que lo que para una persona es un objetivo superdeseado, para otra no lo es en absoluto. Puede que para ti sea muy importante viajar y ver muchos países y continentes porque anhelas conocer otras culturas y ver mundo, y que para otra persona lo importante y especial sea estar en su pueblo la mayor parte del tiempo, con su gente y sus costumbres. Somos nosotros mismos quienes decidimos y sabemos lo que es importante para nosotros, qué queremos priorizar y qué objetivos queremos esforzarnos por conseguir.

A pesar de que el objetivo final es alcanzar la meta propuesta, el camino hacia ella nos invita a apreciar cada paso que damos, cada obstáculo que superamos y cada aprendizaje que interiorizamos. Este proceso nos hace valorar nuestra perseverancia y resiliencia y, por ello, nutre nuestra autoestima.

Una meta, en realidad, es la palabra tangible de lo que valoramos en la vida. Cada vez que fijamos una, declaramos cuáles son nuestros valores, deseos y prioridades. Alinear nuestras metas con nuestros valores es fundamental, porque es como si construyéramos un puente entre lo que somos y lo que hacemos. Por otro lado, las metas nos permiten visualizar un futuro en el que hayamos alcanzado nuestros objetivos. Esta visualización del futuro nos inspira y motiva a dar lo mejor de nosotros cada día.

¿Qué ocurre cuando no tenemos unas metas definidas y no trabajamos en alcanzarlas?

- La ausencia de metas puede conducir a una sensación de falta de dirección y propósito, lo que lleva a una sensación de estancamiento. Podemos llegar a sentirnos perdidos, desmotivados e incluso inútiles.
- Si no tenemos formas para medir nuestro progreso, podemos sentir que no estamos avanzando ni alcanzando

nuestro máximo potencial, lo que contribuye a una autoevaluación negativa.

- Cuando no tenemos metas es posible que dependamos en gran parte de la aprobación externa para validar lo que valemos. Esto puede llevar a una autoestima limitada y basada en la percepción de los demás.

¿Y cuando estas metas son claras y tenemos objetivos definidos?

- Tener objetivos definidos permite que la persona invierta su energía en actividades significativas, lo que evita la sensación de estar perdido o sin rumbo.
- Establecer metas, trabajar y alcanzar el éxito fomenta la autoeficacia, que está muy asociada al fortalecimiento de la autoestima.
- El proceso de trabajar para conseguir metas supone superar desafíos y dificultades. Aprender nuevas habilidades hace que aumente nuestro sentimiento de valía personal y competencia.
- Al establecer metas, la persona puede desarrollar una mayor independencia emocional. No depende únicamente de que el resto la valide, ya que su autoestima está respaldada por sus logros y metas.

HERRAMIENTAS PARA ESTABLECER Y ALCANZAR METAS

Las herramientas que se proponen para trabajar el establecimiento de metas tienen como objetivo que estas estén relacionadas con las cosas y las acciones que son importantes para ti, lo cual aumenta tus reforzadores.

28
Alinea **tus metas** con tus valores

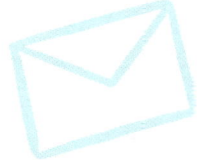

Para empezar, vas a investigar dentro de ti cuáles son las áreas y cosas de tu vida que consideras importantes.

- Piensa en el día a día. ¿Qué es importante para ti?
- Imagina tu vida ideal e imagina que pudieras elegir lo que quisieses en ella. ¿Qué cambiaría de tu vida actual? ¿Hay aspectos que no cambiarían? ¿Cuáles? ¿Por qué?
- ¿Cómo notarías que tu autoestima se encuentra fortalecida? ¿Para qué te serviría sentirte mejor contigo? ¿Actuarías de diferentes formas? ¿Cuáles? ¿Qué cosas harías, dirías o pensarías diferentes a la actualidad?

- Si ahora te encuentras mal, imagina que estuvieses mejor. ¿Qué harías en tu día a día? ¿Cómo sería un día normal?

29
Clasifica **tus necesidades**
por áreas

Saber cuáles son las necesidades que tienes y que actualmente no están cubiertas es lo primero que debes hacer para empezar a establecer metas. Aquí te dejo un listado de áreas con ejemplos que te ayudará a inspirarte y a hacer tu lista. Puedes añadir otras áreas o no valorar aquellas que no sean importantes para ti.

Amigos y vida social — Salir más con mis amigos y hacer algún viaje con ellos.

Metas educativas, intelectuales, formativas y profesionales. — Sacarme la oposición de Magisterio, aprender italiano y leer al menos veinte libros al año.

Familia — Tener una relación más estrecha con mi madre.

Crecimiento personal — Aprender a gestionar mis emociones, conocer más sobre autoestima y comunicarme de forma asertiva con el resto.

Ocio y diversión — Buscar nuevas aficiones, como clases de flamenco.

Metas materiales — Comprarme una moto.

Pareja y relaciones íntimas	Tener conversaciones más íntimas y largas con mi pareja y gestionar mejor los conflictos.
Cuidado físico y salud	Empezar a cuidarme la piel con cremas y reducir la ingesta de procesados
Creatividad	Volver a dibujar con ceras e inventarme canciones.

30
La vida como
un jardín

Para hacer este ejercicio, vas a imaginar que tu vida es un jardín lleno de plantas, las cuales tienes la responsabilidad de cuidar. Esas plantas son las cosas que quieres en tu vida, las cosas que valoras.

- ¿Qué plantas hay en tu jardín?
- ¿De qué forma las cuidas?
- ¿A cuáles dedicas más tiempo? ¿A cuáles menos?
- ¿Estás cuidando las plantas tanto como te gustaría?
- ¿Hay alguna planta que es importante para ti pero que la has descuidado?
- ¿Alguna flor se ha marchitado a pesar de que te has esforzado en cuidarla?
- ¿Hay alguna razón por la cual hayas descuidado todas o alguna de tus plantas?

MI VIDA COMO UN JARDÍN

TRABAJO

AMIGOS Y FAMILIA

OCIO

PAREJA

AUTOCUIDADO

DESCANSO

CREATIVIDAD

nacidramática

A veces, las flores no van a salir donde tú quieres y en el momento que más te gustaría, incluso van a marchitarse a pesar de haberlas cuidado. Cada una de tus plantas necesita que la cuides de forma regular, independientemente de cómo te sientas, y, a pesar de que te esfuerces al cien por cien, puede pasar que la planta no salga adelante o no crezca tanto como desearías. Puede que haya dos plantas a las que cuidas igual, pero es posible que una crezca mucho, de ella salgan unas flores preciosas y grandes que huelan genial, y que la otra dé menos flores, más pequeñas, que no huelan tanto o no tan bien y sean muy diferentes entre sí. Esto no depende de ti, no lo puedes controlar. Puede ocurrir que vayas cambiando los nutrientes que les das para ver cuál funciona mejor para cada planta o puede que te conformes con lo que te ofrecen y las cuides independientemente de que te parezca suficiente o no.

En otras ocasiones, una de esas plantas va a absorber toda tu energía y vas a descuidar otras plantas que también son importantes para ti. Como en todos los jardines, en el tuyo también crecen malas hierbas (pensamientos o emociones desagradables, miedos, preocupaciones...); puede ser que las cortes en cuanto las veas, y al poco tiempo vuelvan a aparecer y te obsesiones con eliminarlas, con lo cual dejes de cuidar otras plantas que son importantes. En realidad, las malas hierbas pueden favorecer que otras plantas crezcan; a veces es necesaria la presencia de estas malas hierbas. También puede ocurrir que te desesperes porque la planta tarda mucho en crecer o no crece como a ti te gustaría, la quites y plantes otra semilla de nuevo, de forma que no podrás ver sus frutos.

Tu jardín es tuyo y no puedes copiar lo que sirve a otros jardines. Otras personas no saben qué semillas pueden funcionarte mejor o qué nutrientes deberías echar a cada planta; que les funcione a otras personas no garantiza que te funcione a ti. Tampoco puede venir otra persona a cuidar de tus plantas.

Esta metáfora puede ayudarte a ver a qué cosas les estás dedicando menos tiempo y a cuáles más. Extrapólala a tu vida para extraer información.

Conectar con lo que consideras valioso, lo que construyes y lo que te importa te va a ayudar a establecer metas.

31
¿Cuáles son tus deseos?
¿Qué cosas te están robando
energía y paz?

Lo más importante para plantear metas es identificar cuáles son tus deseos. Haz una tabla como esta en tu libreta y escribe qué deseas en las distintas áreas de tu vida.

Ejemplo:

Cosas que deseo
Dedicar más tiempo al deporte al aire libre.
Acudir a más actividades recreativas, como conciertos o teatro.
Tener una relación más estrecha con Paula.
Vivir en una casa más luminosa y grande.
Recibir un sueldo mayor al actual.
Tener más tiempo libre.

Una vez ubicados tus deseos, es momento de identificar aquellas cosas de tu vida que hoy en día te producen malestar y que te gustaría erradicar o reducir. Identificar las cosas que te producen malestar puede ser la base para comenzar a fijar metas. A raíz de conocer dichas cosas negativas, vas a establecer metas positivas para poner fin, o al menos reducir, esas cosas que te restan energía y salud mental.

Cosas negativas que me producen malestar	Metas positivas para reducirlas o eliminarlas
Dolor de muelas.	Ir al dentista.
No me siento cómodo con mis compañeros de piso.	Cambiar de piso o hablar las cosas que me molestan para arreglarlo.
Levantarme más tarde de lo que me gustaría y, por ello, no ser todo lo productivo que querría.	Coger el hábito de levantarme cuando suena la alarma y no posponerla.
No poder apenas ver a mi madre porque vive muy lejos de mí.	Hacer videollamadas más a menudo.

32
Fijar **objetivos** a corto,
medio y largo plazo

Las herramientas anteriores te han ayudado a reflexionar sobre qué cosas te gustaría que cambiasen, qué deseos tienes, qué es importante para ti y qué cosas valoras. Todo lo anterior te va a ayudar a hacer este ejercicio. El objetivo de esta herramienta es ayudarte a elegir los mejores objetivos (entre todos los que tienes).

Siempre que sea posible, trabaja para alcanzar un objetivo a corto plazo o inmediato (es posible lograrlo en horas o minutos), uno a medio plazo (se puede alcanzar en días o pocos meses) y uno a largo plazo (puede tardar meses o años en alcanzarse). Esta herramienta te ayudará a decidir cuál elegir.

Para ello, te propongo hacer una lista en tu libreta de tres objetivos posibles para cada una de las categorías. De cada uno de los objetivos vas a evaluar del 1 al 10 los **costes** (tiempo, esfuerzo, dinero, estrés), el **nivel de deseo** (una puntuación baja muestra que apenas tienes ilusión en alcanzarlo y una puntuación alta significa que podrías dedicarte a él al cien por cien porque deseas muchísimo tu objetivo) y **los obstáculos** (necesidad de mayor formación, falta de tiempo, necesidad de implicación de otras personas, miedo, falta de recursos) que pueden aparecer.

Vas a elegir un objetivo de cada bloque y, para hacerlo, utilizarás la siguiente fórmula: puntuación del nivel de deseo - puntuación de costes - puntuación de obstáculos.

FÓRMULA: (DESEO)–(COSTES)–(OBSTÁCULOS)

nacidramática

Ejemplo...

- **Publicar un artículo científico en una revista de investigación.**
- **1. Deseo por conseguirlo:** 10 → Es uno de mis mayores sueños.
- **2. Costes:** 7 → Coste financiero, mucho tiempo invertido durante muchos meses y tener que apartar algunas acti-

vidades de ocio para priorizar la investigación y redacción del artículo.

3. **Obstáculos:** 5 → Complejidad de investigación, posible rechazo de revistas, necesidad de ayuda de otros profesionales en algún punto del proyecto, dificultad para mantener mis responsabilidades laborales y familiares a la vez que me implico en este proyecto.

Siguiendo la fórmula, nos da: 10 - 7 - 5 = -2 → Si la puntuación es inferior a 0, se trata de un objetivo difícil de alcanzar y es posible que no se consiga. Cuanto más positivo sea el valor, más probable será que lo alcances. Cuando termines esta tabla y hagas los cálculos, elige uno de los objetivos de cada bloque.

Objetivos	Nivel de deseo (1-10)	Costes (1-10)	Obstáculos (1-10)
Corto plazo			
Medio plazo			
Largo plazo			

33
Define bien
tus objetivos

Cuando ya eres consciente de qué cosas deseas, qué cosas son importantes para ti y qué cosas te hacen daño, vas a convertir todo ello en objetivos y a actuar para conseguirlos. Pero antes pregúntate lo siguiente: ¿cómo tienen que ser tus objetivos?

- **Realistas.** Tus objetivos tienen que ser alcanzables dependiendo de tu situación personal. Por ejemplo, no tendría sentido establecer como objetivo «Comprarme un coche de alta gama en los próximos meses» si no tienes dinero ahorrado y ahorras poco cada mes. Tampoco sería un objetivo realista «Quiero esquiar todas las semanas» si vives a cinco horas de la estación de esquí más cercana.

- **Concretos.** Es más sencillo que alcances tu objetivo si este es concreto. «Voy a apuntarme al gimnasio con Laura el lunes a las 17.00 h» es más fácil de conseguir que «Quiero empezar a hacer deporte», que es más abstracto.

- **Importantes.** Tus objetivos deben ser importantes para ti, no deben ser objetivos de otros, ni tampoco sentirlos como obligaciones. Tampoco sirve que los lleves a cabo con la finalidad de evitar algo peor. No sería un buen objetivo «Ir al psicólogo porque si no mi mujer me dejará».

Tampoco lo sería «Quiero que mi marido deje de fumar». Mejor «Ir al psicólogo porque quiero controlar mi consumo de tabaco».

- **Adaptativos.** Estos objetivos tienen que ser lo que realmente queremos y aquello que es significativo para nosotros.

¿Qué acciones voy a llevar a cabo para conseguir mis metas?

Es importante para mí	Meta	¿Qué voy a hacer para conseguirlo? (Acciones)
Tener salud física y mental.	• Dedicarme más tiempo. • Estar más pendiente de mi salud.	• Hacerme revisiones médicas de forma periódica. • Ir a terapia. • Incorporar ejercicio regular en mi rutina. • Practicar meditación todos los días.
Tener más contacto con mis padres.	• Conseguir una relación más estrecha. • Realizar más actividades juntos.	• Hacer videollamadas con ellos si no puedo visitarlos. • Priorizar más las quedadas familiares e intentar no faltar. • Proponerles hacer algún viaje. • Explorar nuevas actividades para hacer juntos.

Identificar tus metas es muy importante, pero también es necesario dividirlas en pequeñas acciones para empezar a trazar el camino hacia ellas. Es relevante que elijamos estas acciones con el objetivo de acercarnos poco a poco hacia la meta deseada, ya que nos harán sentir que vamos avanzando.

34
Cierra los ojos e imagina que
consigues tu objetivo

TÍTULO DE LA PELÍCULA: ALCANZANDO MIS OBJETIVOS

nacídramática

Con esta herramienta vas a imaginar que consigues uno de tus objetivos. Ponerte en ese contexto te ayudará a valorar cómo te sentirías si finalmente lo lograses. Entonces podrías ver si alguna de las acciones seleccionadas podría ser modificada, eliminada o sustituida. Para ello:

(1) Siéntate en un lugar cómodo o túmbate en la cama, respira profundamente varias veces, empieza a relajarte y cierra los ojos.

(2) Imagina que estás en un cine, pero que tú eres el protagonista de la película, y en concreto estás viendo el final: has alcanzado ese objetivo tan deseado por ti.

(3) La película te permite ir hacia atrás y hacia delante, así que vas a hacer que retroceda. Vas a volver a ver los momentos en los que trabajabas para conseguir tu objetivo. Echa el vídeo hacia delante y hacia atrás hasta que consigas tener una imagen más o menos nítida de tus acciones para conseguir tu objetivo.

(4) Una vez que tengas dicha información, pregúntate: ¿deseo realmente conseguir esto? ¿Estoy dispuesto a hacer todas esas cosas que he visto en la película para lograr mis metas? ¿Cómo me he sentido al verme lográndolo? ¿Me siento feliz de haber imaginado ese final o me ha decepcionado un poco? ¿Puedo imaginar otro final? ¿Puedo concebir otras acciones para lograrlo?

(5) Apaga la película y visualízate haciendo todo lo que has visto.

(6) Abre los ojos y regresa de nuevo a la realidad. ¿Sientes motivación? ¿Sientes mayor confianza? ¿Quieres dar el primer paso? ¿Te ha ayudado a visualizar el objetivo final?

35
Posibles **dificultades** que
pueden aparecer

A pesar de tener muy claro lo que queremos conseguir, pueden aparecer dificultades y obstáculos. Establecer con anticipación las diferentes barreras que pueden surgir, puede ser muy útil para superarlas cuando aparezcan. Por ello, te recomiendo que hagas una lista de las diferentes dificultades posibles dependiendo de tu meta y propongas soluciones anticipadas. Aquí abajo te muestro un ejemplo.

DIFICULTAD PARA CONSEGUIR MI META	POSIBLES SOLUCIONES
Ahora no me apetece, estoy triste y me da pereza.	Me sentiré bien cuando haya hecho las acciones, no antes. No tengo que esperar a sentirme bien y con ganas, simplemente he de hacerlo.
Aunque me esfuerce, no voy a ver resultados rápido.	Tengo que reconocer esos pensamientos desadaptativos que afectan a mi autoestima y cambiarlos por otros que realmente sean útiles para mí, que no me afecten de forma negativa y que me ayuden a conseguir mis objetivos.
Evito o pospongo llevar a cabo las acciones propuestas.	A corto plazo puede que busque la gratificación inmediata y por tanto me sienta bien, pero a largo plazo voy a sentir que no estoy luchando por mis objetivos.

Siento que las metas son difíciles de alcanzar.	Proponer acciones más sencillas dependiendo de mis circunstancias personales y desglosarlas en miniacciones. Mejor hacer una miniacción que ninguna.
Me resulta difícil cumplir las acciones propuestas.	Voy a elegir acciones que me agraden (aunque no me guste la acción, que me guste el objetivo final) y sean importantes para mí. Puede ser útil que me premie cuando consiga terminar las acciones propuestas.
Me falta tiempo.	¿Seguro que no tengo tiempo? ¿Estoy dedicando tiempo a otras cosas que en realidad no son acordes a mis metas? ¿Cuáles? Por ejemplo, ¿cuánto tiempo utilizo las redes sociales al día? ¿Podría reducir ese tiempo?
Tengo miedo a fracasar.	Tengo que cambiar mi percepción sobre el fracaso; voy a tratar de verlo como una oportunidad de aprendizaje.

36
Planifica
tus acciones

En ocasiones, sentimos que realizar estas acciones, ser constante y cumplir con lo propuesto es difícil. Registrar las acciones y lo que han provocado puede resultar muy útil para reducir el esfuerzo que nos suponen. Hacer este ejercicio práctico y visual te va a ayudar a identificar patrones en la frecuencia, el nivel de satisfacción y la sensación de logro asociados a cada acción. También va a motivarte, porque tener esto por escrito va a aumentar la motivación para cumplir con las acciones propuestas.

Ejemplo...

Es importante para mí tener salud física y mental.

	L	M	X	J	V	S	D
Acción: Meditar cada día		✓		✓	✓		✓
Placer		8		7	9		8
Sensación de logro		9		9	10		9

37
Trabaja **tu miedo**
al fracaso

En ocasiones, no nos lanzamos a conseguir nuestros objetivos porque el miedo al fracaso nos paraliza. En mi anterior libro, *Terapia para llevar*, puedes encontrar cinco herramientas para gestionar este miedo, pero quiero dejarte aquí una sexta, la cual me parece superútil. Esta herramienta consiste en analizar el riesgo de fracasar y superar el miedo al fracaso examinándolo, planteando la peor situación posible, los posibles enfrentamientos si eso ocurriese, barajando otros posibles escenarios y, por último, reevaluando el miedo una vez hecho todo lo anterior.

Análisis de los riesgos para disminuir o eliminar el miedo a fracasar:

1. **Escribe cuál es tu miedo.** Tengo miedo a dar un concierto y que no haya casi asistencia, sentir que estoy haciendo el ridículo y perder el tiempo.

2. **¿Cómo te sientes cuando piensas en intentarlo?** Me hace mucha ilusión dar conciertos, compartir mi música e imaginar que la gente canta mis canciones; pero, por otro lado, siento muchos nervios porque no sé cuánta gente asistirá. Si el lugar estuviese vacío, me daría mucha vergüenza y sería un palo muy grande para mí.

3. **Si tuvieses que medir tu miedo de fracasar del 1 al 10, ¿cuánto miedo tienes?** 8.

4. **Mide la probabilidad de fallar en porcentaje. ¿Cuánta probabilidad hay de que falles?** 35 %.

5. **¿Qué es lo peor que podría ocurrir?** Que la sala estuviese prácticamente vacía, lo cual afectaría muchísimo a mi reputación como artista y a la confianza que tengo en mí, y me quitaría las ganas de hacer futuros conciertos.

6. **Si esto ocurriese, ¿podrías pensar algo que te ayudase a afrontarlo?** Es difícil llegar a tener reconocimiento, muchos artistas se han visto en la situación de que poca gente acude a sus conciertos al principio, no soy ni el primero ni el último. Además, me he volcado en dar lo mejor de mí y eso es lo más importante. Por otro lado, siento un gran apoyo de mis amigos y familia.

7 **¿Podrías afrontarlo? ¿Se te ocurre alguna forma de afrontamiento?** Si eso ocurriese, podría promocionar más el siguiente concierto mediante las redes sociales o medios locales; también podría empezar a colaborar con otros artistas, lo cual ayudaría a aumentar la audiencia en próximos conciertos. También podría hacer sorteos de entradas.

8 **¿Hay alguna evidencia que te muestre que ese escenario horrible que te imaginas no ocurrirá?** Mis amigos me apoyan mucho y la mayoría va a venir con otros amigos a los que han invitado. Por otro lado, siento una interacción positiva en redes sociales por parte de mis seguidores. Además, la última vez que hice un concierto, la sala se llenó bastante.

9 **¿Qué otros resultados podrían ocurrir?** El concierto puede atraer a un gran público, cumplir parcialmente con las expectativas o proporcionar aprendizajes útiles para futuros conciertos.

Una vez que has reflexionado y respondido las anteriores preguntas, toca revisar de nuevo tu nivel de miedo y el porcentaje de probabilidad de fracaso, y dar nuevos valores.

10 **Reflexiona de nuevo sobre tu miedo al fracaso y ponle una nueva puntuación del 1 al 10.** Lo cambio a 4 después de haber barajado las estrategias de afrontamiento.

11 **Reflexiona sobre el porcentaje de la probabilidad de fracaso y ponle una nueva puntuación del 1 al 10.** Revisado a un 20 %, reconociendo las medidas tomadas para promover el concierto, el interés expresado por seguidores y amigos, y la experiencia previa que respalda la capacidad de atraer a la audiencia.

Este análisis estructurado ayuda a desmitificar el miedo al fracaso al evaluar objetivamente los riesgos, analizar las posibles pérdidas, identificar estrategias de afrontamiento y reducir el temor a través de revisar el pronóstico en función de la evidencia y las acciones tomadas.

Cuando defines **tus metas** y concentras **tu energía y tu tiempo** en alcanzarlas, reconoces que esos objetivos son posibles. **Confías en ti**, te demuestras que eres capaz y que vales y que vas a intentarlo. Escuchas lo que es importante para ti, te priorizas, te demuestras que mereces crecer como persona y empiezas a **dirigir tu vida para alcanzar tus sueños**.

EL AUTOCUIDADO

¿Qué te viene a la cabeza cuando escuchas la palabra «autocuidado»? ¿Ir a la peluquería? ¿Hacerte el *skincare*? ¿Ir a un spa? ¿Viajar a la otra punta del mundo?... ¿No te parece curioso que todas estas actividades impliquen gastar dinero? El concepto de autocuidarse se ha capitalizado hasta el extremo y se ha enfocado muchísimo hacia el consumo. Es cierto que todas estas acciones pueden ser autocuidado, pero el autocuidado va más allá de las cosas que se pueden conseguir pagando.

Al mismo tiempo, **vivimos en una sociedad en la que se premia el «estar ocupado» y estar dentro del bucle de productividad; hemos normalizado el no parar.**

En general, tenemos una altísima carga laboral u obligaciones académicas, numerosas relaciones sociales que requieren nuestra atención y dedicación y, en muchos casos, personas mayores o menores a los que cuidar. Sentimos que nos faltan horas en el día para hacer lo que tenemos que hacer, así que **muchas veces posponemos el autocuidado o incluso lo eliminamos de nuestras vidas**. Solemos preferir tachar cosas en nuestra lista de quehaceres antes que escuchar nuestras necesidades.

Así que ahora quiero hacerte una pregunta. Cuando escribes tu lista de «**cosas que tengo que hacer hoy**», ¿dónde te pones a ti? ¿Dónde incluyes las tareas de autocuidado personal? ¿En qué lugar escribes «satisfacer mis necesidades» o «escuchar lo que necesito»? ¿Lo llegas a escribir? Es habitual que esa tarea ni siquiera esté escrita y que, si lo está, se encuentre al final, así que, si no llegas a todo por falta de tiempo, es la que se queda sin hacer, a pesar de que es fundamental.

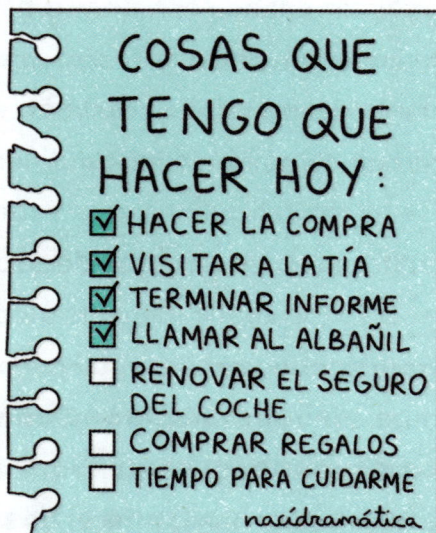

COSAS QUE TENGO QUE HACER HOY:
- ☑ HACER LA COMPRA
- ☑ VISITAR A LA TÍA
- ☑ TERMINAR INFORME
- ☑ LLAMAR AL ALBAÑIL
- ☐ RENOVAR EL SEGURO DEL COCHE
- ☐ COMPRAR REGALOS
- ☐ TIEMPO PARA CUIDARME

nacidramática

El autocuidado son todas aquellas medidas y acciones voluntarias que llevamos a cabo para cultivar el bienestar personal prestando atención a nuestras necesidades. Es sentirnos merecedores de las cosas buenas que necesitamos.

El autocuidado es eso que se nos olvida cuando tenemos poco tiempo y muchas cosas que hacer. A veces, incluso nos cuesta menos cuidar de los demás que de nosotros mismos. El autocuidado personal empieza por darte cuenta de que de verdad quieres cuidar de ti. Es ser responsable de tu bienestar y hacer aquello que necesitas para estar mejor. Para practicarlo no tienes por qué empezar a hacer mil cosas que antes no hacías ni gastar mucho dinero en cremas. Cada persona lo practica a su manera. Además, no es algo inmutable: lo que te sirve hacer por ti hoy puede no ser lo que necesitas mañana. Por eso es importante atender frecuentemente a nuestras necesidades. Por ejemplo, puede que haya momentos en los que necesites tener más tiempo para ti y desconectar de la gente y, en cambio, en otras ocasiones tu necesidad puede ser compartir más tiempo con las personas que quieres.

¿Cómo saber qué necesito?

Para saber qué necesitamos en cada momento, es crucial tener un profundo autoconocimiento. A menudo, basamos nuestro autocuidado en lo que otros nos dicen que es importante o en lo que creemos que deberíamos hacer (porque nos lo han transmitido), en lugar de escuchar nuestros propios deseos y necesidades.

Para descubrir lo que de verdad necesitamos, podemos comenzar observándonos a nosotros mismos. Tomarnos un momento para reflexionar sobre cómo nos sentimos física, mental y emocionalmente en diferentes momentos del día, y prestar atención a nuestras sensaciones corporales, emociones y pensamientos para identificar patrones y entender qué actividades o circunstancias nos hacen sentir mejor o peor. Es importante que sepamos adaptar nuestro autocuidado según lo que necesitemos en el momento presente y hacer ajustes o cambios cuando sean necesarios, con flexibilidad y siguiendo nuestra intuición para cuidarnos.

El autocuidado y la autoestima se retroalimentan entre sí. Cuando dedicas tiempo y atención a tu cuidado personal sientes que te estás dando la importancia que mereces. Por lo tanto, empiezas a valorarte y quererte, y si te valoras y te quieres no te dejas para el final del día. Es una forma responsable de atender tus necesidades y reforzar lo que vales, y de cuidar bien de ti de forma respetuosa y amable contigo, con tu cuerpo y con tu alrededor.

El autocuidado tiene múltiples beneficios:

- **Hacer hueco a lo que es realmente importante.** Cuando limpiamos la casa, nos deshacemos de cosas, despejamos el desorden y dejamos espacio para lo que necesitamos. Pues el autocuidado es igual, quitamos lo que no es importante e incluimos lo que sí lo es.

- **Fortalece tu autoestima.** Dedicamos tiempo a nosotros y priorizamos nuestro bienestar y nuestras necesidades. Nos empezamos a dar la importancia que merecemos y eso provoca que comencemos a valorarnos y querernos, y a tratarnos mejor.

- **Autoconocimiento.** Nos damos la oportunidad de conocernos mejor, conectar con nuestros deseos y necesidades, y con ello comprendemos lo que nos hace sentir bien. A la vez, nos ayuda a identificar actividades o hábitos que pueden no ser saludables para nosotros.

- **Entender y priorizar también las necesidades del resto.** Aunque pueda parecer un acto egoísta, centrarnos en nuestro bienestar también nos hace más compasivos y empáticos con los demás. Al cuidarnos a nosotros mismos, estamos mejor equipados para cuidar y apoyar mejor a los demás.

- **Reduce el estrés y hace que liberemos otras hormonas beneficiosas.** El autocuidado tiene beneficios fisiológicos concretos, como la reducción de la hormona del estrés, el cortisol. Cuando practicamos el autocuidado, nuestro cuerpo experimenta una disminución en los niveles de estrés y una liberación de otras hormonas relacionadas con el bienestar y la felicidad.

A continuación, veremos distintos tipos de autocuidado.

Autocuidado físico

Este tipo de autocuidado es el más popular, dado que es el más visible. Son todas esas acciones que realizamos para mantener nuestro cuerpo en condiciones óptimas. Por ejemplo, comer saludable, realizar deporte o hacernos la manicura.

Sin embargo, es importante entender que el autocuidado físico va más allá de solo estas prácticas. **Lo que le decimos a nuestro cuerpo y cómo nos relacionamos con él también forma parte del autocuidado físico.** Es importante ser conscientes de cómo nos hablamos a nosotros mismos cuando nuestro cuerpo no cumple con nuestras expectativas. Por ejemplo, lo que le dices a tu cuerpo cuando no alcanza el rendimiento que deseas en una prueba deportiva, cuando te levantas y te miras al espejo y tienes granos que ayer no tenías, cuando te comparas con otros, cuando ves que te sale tu primera cana o empiezan a aparecer las primeras arrugas, o cuando comes demasiado y después sientes hinchazón. Autocuidado físico también es tratarte con amabilidad y comprensión en todas estas situaciones en las que no te ves como te gustaría.

Es importante tener en cuenta que lo que puede ser considerado como un buen cuidado físico para una persona puede no serlo para otra. Por ejemplo, empezar a hacer deporte cinco días a la semana de forma intensa, después de haber superado una enfermedad grave y llevar un año sin hacer deporte, podría ser una práctica de autocuidado no adap-

tada a ti. También, empezar medidas extremas como seguir die-
tas restrictivas, hacer deporte de forma no saludable o incluso
someterte a cirugías serían ejemplos de autoagresión disfra-
zada de autocuidado.

**El autocuidado físico implica no solo cuidar nuestro
cuerpo a través de la alimentación y el ejercicio, sino
también tener una actitud compasiva y respetuosa hacia nosotros mismos en todas las situaciones relacionadas con nuestra salud, apariencia y rendimiento físico.**

Autocuidado emocional

El autocuidado emocional es muy importante para nuestro
bienestar, ya que nos permite poner atención en cómo nos
sentimos en cada momento y qué podemos necesitar a nivel emocional. Consiste en escuchar nuestro interior, identificar nuestros deseos, emociones y pensamientos, y luego
responder de forma adecuada para cuidarnos emocionalmente.

**El autocuidado emocional no significa buscar cons-
tantemente sentirnos felices o positivos, sino más bien
permitirnos experimentar y procesar todas nuestras
emociones, incluso aquellas consideradas negativas,
como la tristeza, la ira o el miedo.** Estas emociones son
naturales y saludables, y reprimirlas o ignorarlas puede ser

contraproducente. Por ejemplo, en momentos difíciles o estresantes, puede ser necesario permitirnos sentir y expresar estas emociones en lugar de tratar de evitarlas como forma de autocuidado.

El autocuidado emocional también implica conocer qué cosas nos suelen ayudar a gestionar nuestras emociones o saber ante qué emociones somos más sensibles.

En resumen, el autocuidado emocional consiste en ser conscientes de nuestras emociones, escuchar nuestras necesidades emocionales cambiantes y tomar medidas para satisfacerlas de manera adaptativa y compasiva.

Autocuidado social

El autocuidado social es indispensable porque en todo momento debemos convivir con otras personas. Este tipo de autocuidado nos permite mantener relaciones saludables y satisfactorias con los demás, establecer límites saludables en nuestras interacciones y buscar apoyo social cuando lo necesitamos. Consiste en reconocer cómo nos desenvolvemos en las situaciones sociales, identificar qué necesitamos de los demás y **establecer límites en aquellas relaciones que no nos benefician**. Algunas acciones de autocuidado social incluyen mantener el contacto con aquellas personas que queremos pero que viven lejos, distanciarnos de las relaciones destructivas, desarrollar habilidades sociales para interactuar de manera efectiva con otras personas, establecer conexiones significativas y unirnos a grupos o actividades sociales que nos permitan conectar con personas que comparten nuestros intereses y valores. Nos ayuda a sentirnos conectados y apoyados en nuestras relaciones con los demás.

Autocuidado espiritual

El autocuidado espiritual es importante para encontrar un sentido de propósito y significado en la vida, independientemente de las creencias religiosas que tengas. Incluye actividades que nutren tu espiritualidad y te conectan con lo que consideras importante en un nivel más profundo. **Esto puede implicar la práctica de la meditación, asistir a retiros espirituales, practicar la oración, la compasión, decir afirmaciones significativas para ti, reflexionar sobre tu vida y tus valores, conectar con la naturaleza o participar en prácticas religiosas o espirituales que resuenen contigo.**

Autocuidado intelectual

El autocuidado intelectual se centra en cuidar y cultivar tu mente. Esto puede implicar buscar oportunidades para aprender cosas nuevas, leer libros o artículos que te interesen, ejercitar tu cerebro con rompecabezas o juegos de destreza mental, fomentar tu creatividad a través de actividades artísticas o participar en debates y discusiones que estimulen tu pensamiento crítico. El autocuidado intelectual también implica mantener tu mente activa y comprometida, desarrollar nuevas habilidades y cuidar tus pensamientos.

HERRAMIENTAS PARA CUIDARTE BIEN

38
Escucha **tu cuerpo** y verifica cómo está todo

¿Cómo te sientes? ¿Cómo estás? ¿Qué necesitas? ¿Qué le viene bien a tu cuerpo? Lo primero que puedes hacer para practicar el autocuidado es fijarte en cómo estás ahora, qué sientes y qué necesitas. No sirve responder a estas preguntas con un «Estoy bien» o un «Estoy mal». No te quedes en lo superficial. Permítete sentir lo que sientes de verdad, indaga, fíjate en cómo están tus músculos, como está tu respiración, qué sensaciones notas, qué sentimientos tienes… En definitiva, párate a escuchar tu cuerpo. Haz un chequeo corporal y escribe lo que sientes en este momento y lo que necesitas.

Ejemplo...

- Llevo mucho rato sentada y necesito moverme.
- Estoy muy cansada hoy.
- He comido poco esta mañana y la verdad es que ahora tengo hambre.
- Necesito lavarme la cara, se me están cerrando los ojos.

Este es el primer paso de autocuidado, hacer un chequeo corporal. Puede que te parezca algo simple, pero, créeme, vivimos muy en automático y a veces nos cuesta incluso escuchar nuestras necesidades físicas.

39
Escapar de lo que sientes
no es la solución

Ahora que sabes lo que estás sintiendo y quieres empezar a practicar el autocuidado, quiero decirte que, en general, ante posibles malestares y necesidades, escapar no es la solución. No sirve con decir «Voy a poner la música altísima y así me evado de la situación y olvido», «Esta noche me emborracho para no sentir» o «Voy a seguir trabajando unas cuantas horas más, que así no pienso».

Para tomar decisiones y empezar a cuidarte, necesitas conectar contigo y no evitar lo que sientes o necesitas. Evadirte de lo que ocurre, aunque a corto plazo te ayude, no va a hacerlo a largo plazo. Tienes que hacerte cargo de la situación. Las cosas no van a cambiar si evitas sentir o tomas decisiones impulsivas. Fíjate en posibles soluciones de autocuidado que te ayuden a hacer frente al malestar que sientes.

Ejemplo...

- Necesito hablar con mi madre.
- Voy a cerrar el ordenador por hoy, necesito irme a pasear.
- Empecé a hacer natación pero me aburro nadando, así que voy a probar otro deporte.
- Quiero darme una ducha para relajarme.

El autocuidado no tiene por qué ser difícil, no tiene por qué implicar grandes acciones. El autocuidado significa hacerte cargo de tu bienestar. Autocuidado son las pequeñas cosas sencillas que haces por ti en el día a día.

40
Utiliza **un diario** emocional

Estar pendientes, escuchar y atender a nuestras emociones es una forma de autocuidado emocional; por ello, te propongo utilizar un diario emocional.

¿Cómo utilizar el diario emocional?

1 Puedes llevarlo siempre contigo y escribir en él cada vez que una emoción aparece, independientemente de lo intensa que sea. Te ayudará a poner el foco en ti y en tu cuerpo, y a descubrir por qué ha aparecido, qué viene a decirte o qué pensamientos aparecen ante ella. También te permitirá encontrar patrones.

- **Emociones que afloran:** enfado y rabia.
- **Situación que ha hecho aflorar la emoción:** «Mi camiseta favorita se destiñó en la lavadora».
- **Pensamientos que empiezan a llenar tu mente:** «Esta camiseta fue carísima y ahora ya no voy a poder utilizarla».
- **Sensaciones corporales:** «He empezado a apretar la mandíbula, también he sentido tensión en los brazos y calor en la cara».
- **¿Qué me quieren decir estas emociones?:** «Siento frustración por haber perdido mi camiseta favorita y me molesta la falta de atención que tuve al meter la ropa a la lavadora».
- **¿Qué puedo hacer para gestionar esta emoción?:** «Trataré de respirar profundamente para calmarme y veré si hay alguna posibilidad de arreglar la camiseta».
- **Aprendizajes y conclusiones de haber sentido esta emoción:** «Voy demasiado rápido y no presto atención a las cosas. La próxima vez me fijaré mejor».

2 Utilizarlo al final del día respondiendo algunas preguntas como las siguientes:

- ¿Cómo me he sentido hoy?
- ¿Qué emociones he sentido? ¿Cuáles han sido las más frecuentes hoy?
- ¿Qué situaciones las han hecho aflorar?
- ¿Cuáles han sido las consecuencias de mis emociones?
- ¿Qué pensamientos tuve?
- ¿Qué me hizo sentir bien?
- ¿Hubo algo que me molestó?
- ¿Qué cosas disfruté?

41
Círculo de
emociones

1 Dibuja un círculo grande. Este círculo será tu espacio para representar tus emociones.

2 Divide el círculo en secciones, como si fuera una pizza. Puedes hacer tantas secciones como desees.

3 Asigna un color a cada emoción. Por ejemplo, el rojo para el enfado, el amarillo para la tristeza, el azul para la alegría, etc.

4 Al final del día, colorea cada sección según las emociones que hayas sentido. Cuando experimentes una emoción intensa, selecciona el color correspondiente y colorea la sección del círculo que representa esa emoción. Por ejemplo, si sientes enfado, colorea la sección correspondiente con el color rojo. En función de lo intensa que haya sido la emoción, colorea más o menos parte de la sección.

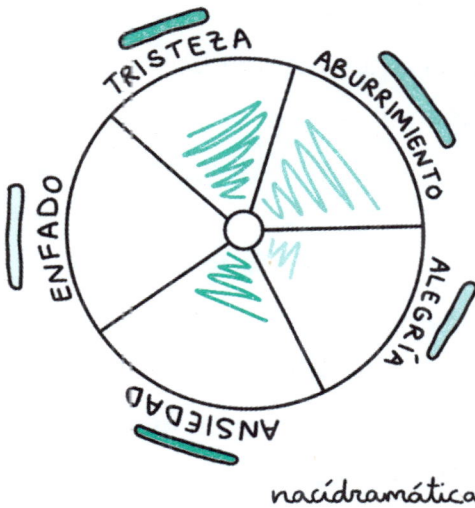

Con el tiempo, podrás observar patrones de colores en tu círculo emocional que te ayudarán a identificar las emociones recurrentes y cómo estas fluctúan a lo largo del tiempo. Reflexiona sobre lo que estos patrones de colores te están diciendo acerca de tu estado emocional y sobre **cómo puedes utilizar esta información para gestionar mejor tus emociones en el futuro**.

42
Hazte cargo de
tu autocuidado

¿Te suena haber dicho estas frases?

- Siento agobio porque mi jefa me ha mandado más trabajo que normalmente.
- Siento enfado porque mi madre ha olvidado traerme los medicamentos que le pedí.
- Estoy mal porque mi pareja no me ha contestado como yo esperaba.
- Quería salir a pasear, y al final no salgo porque Cris no puede.

A veces, ponemos mucho el foco en los demás y esperamos que sea el resto quien nos dé lo que necesitamos; incluso los culpamos de nuestro malestar. **Interiorizar la frase «Soy responsable de mi bienestar» es autocuidado**; tomar las riendas, dándote lo que necesitas y comprendiéndote.

¿Cómo te cuidas? ¿Qué estás esperando de otros que en realidad puedes darte tú? A pesar de que otros hagan cosas que no te gusten, ¿qué puedes hacer por ti en estas situaciones como autocuidado y que tenga un impacto positivo en tu autoestima?

43
Escribe algunas de **las formas que** utilizas para cuidarte

Algunas de mis prácticas habituales de autocuidado	¿Cómo me siento después de hacerlas?
Tocar la guitarra.	Conecto mucho con la música y me encanta tocar canciones nuevas y antiguas. Siento que es un momento en el que desconecto de todo y todos.
Echarme la siesta cuando he madrugado.	Me siento con más energía y con ganas de hacer cosas después de dormir. Además, me siento bien por haberme tomado ese ratito para descansar.
Mirar fotos antiguas.	Me encanta recordar viejos tiempos viendo fotos, me hace conectar con mi pasado y me emociona. También siento agradecimiento por haber podido vivir tantos momentos bonitos con personas que tanto quiero.

Después, reflexiona sobre por qué eliges estas. ¿Cómo te sientes después de recurrir a estas formas de autocuidado?

¿Qué estrategias puedes añadir a tu rutina para tu cuidado diario? ¿Qué otras formas de autocuidado podrían servirte?

44
Si mañana **dejases** de estar en este mundo, ¿a qué renunciarías?

Esta pregunta puede ayudarte a decidir a qué cosas puedes renunciar, lo cual te ayudará a evaluar tus prioridades y tomar decisiones significativas en tu vida. Esta pregunta puede ayudarte a:

- Encontrar actividades a las que estás dedicando tiempo y energía pero que, en realidad, no te aportan alegría, satisfacción o significado. Por ejemplo, compromisos sociales, tareas rutinarias o actividades que ya no te interesan.
- Detectar relaciones que te hacen sentir mal o te impiden crecer y desarrollarte como persona. Por tanto, podrías distanciarte de algunos amigos, familiares o pareja que son poco saludables para ti.
- Darte cuenta de que estás atrapado en un trabajo que no te hace sentir realizado, lo que puede invitarte a buscar algo que realmente te inspire y te motive.
- Detectar que estás perdiendo demasiado tiempo y energía preocupándote por cosas pequeñas e insignificantes. Así podrías renunciar a esas preocupaciones y enfocarte en lo que realmente importa en la vida.

45

¿Y si **me faltan horas** en el día y **no puedo** dedicar mucho tiempo a mi **autocuidado**? La importancia del autocuidado ante situaciones estresantes

A veces, nos encontramos en situaciones en las que parece imposible priorizar nuestro autocuidado. Pueden surgir emergencias, plazos de entrega próximos o responsabilidades inesperadas que nos hacen posponer nuestras necesidades personales. Sin embargo, es importante recordar que el autocuidado es una parte fundamental de nuestro bienestar y que existen formas de adaptarlo, incluso, en momentos difíciles. Quizá cuando nos sentimos estresados es el momento en que más lo necesitamos. El problema es que, cuando sentimos estrés, el autocuidado es en lo último en que pensamos.

Kit para cuando sientas que la situación estresante que estás viviendo te desborda:

Ejemplo...

- Imagina que estás planeando una mudanza a una nueva ciudad. A medida que se acerca la fecha de mudanza, comienzas a sentir estrés por todo lo que tienes que hacer. Decides parar un momento para observar cómo te sientes como forma de autocuidado.

1. **Reconocer y validar tus emociones.** «Estoy sintiendo mucho estrés. Es normal que me sienta de esta forma cuando se acercan tantos cambios».

2. **Tómate un breve descanso para hacerte preguntas.** «¿Qué siento?, ¿qué necesito ahora?». Puede que tu cuerpo te pida estirarte, hacer ejercicios de respiración profunda o salir a dar un paseo para despejarte.

3. **Identificar las señales físicas del estrés.** «Siento que estoy respirando mucho más rápido, mis músculos están tensos. Me late más rápido el corazón y por las noches me está costando conciliar el sueño».

4. **Explorar la causa del estrés.** «La mudanza representa un cambio significativo en mi vida y hay muchas cosas que organizar y gestionar antes del día de la mudanza».

5. **Desarrollar estrategias para reducir el estrés.** «Voy a hacer una lista de todas las cosas que tengo que hacer antes del día de la mudanza y me comprometo a dedicar un tiempo cada día para completarlas. También voy a pedir a mis padres que vengan a ayudarme a meter todo en cajas el fin de semana, y todos los días voy a programar momentos de descanso para relajarme y cuidar de mí».

6. **Planifica momentos de autocuidado.** «¿Qué puedo hacer cuando termine lo que me he propuesto hoy?». A lo que podrías contestar cosas como: «Necesito relajarme con un baño» o «Voy a leer el libro que tengo a medias antes de dormir».

Cuando sientas que no tienes tiempo para nada, **te propongo que practiques la atención plena mientras realizas tareas cotidianas** como lavar los platos, comer o ducharte; en esos momentos presta atención a las sensaciones y a los pensamientos.

Aunque puede parecer difícil encontrar tiempo para el autocuidado en medio de una agenda apretada, es importante recordar que incluso las pequeñas acciones pueden marcar una gran diferencia.

Priorizar unos pocos minutos al día para cuidarte puede ayudarte a recargar tu energía y manejar mejor el estrés que sientes. El manejo efectivo del estrés (reconocerlo, identificar las causas o desarrollar estrategias para manejarlo) también es una forma de autocuidado.

46
Estar **preparado** para
cuando lo necesites

Esta herramienta quiero que la utilices en momentos bajos, cuando sientas emociones negativas. La vas a preparar cuando te encuentres equilibrado o equilibrada y estable, para que, cuando lo necesites, puedas recurrir a ella.

① Haz un inventario de estrategias de autocuidado

Es muy efectivo tener un amplio inventario de formas de afrontar las diferentes situaciones incómodas que podamos vivir. Cada una de las habilidades que escribas será diferente, y a cada persona le sirven unas. Aquí te dejo un ejemplo de inventario para que pueda inspirarte al hacer el tuyo.

Apagar el móvil.	Organizar mi semana.	Pedir cita al psicólogo.	Practicar la gratitud.	Ir en bicicleta por el monte.
Escribir y conectar conmigo.	Escuchar un pódcast.	Practicar la atención plena.	Recordar todo lo que he conseguido.	Organizar mi próximo viaje.
Pintar.	Encender una vela.	Hacer sopas de letras.	Cocinar nuevas recetas.	Visitar a mi abuela.
Recoger la casa.	Visitar una nueva cafetería.	Ir a clase de boxeo.	Quedar a comer con amigas.	Imprimir fotos.
Poner límites al resto.	Tocar mi canción favorita.	Encontrar la función de mis emociones.	No entrar en redes sociales.	Maquillarme y arreglarme.
Valorar las pequeñas cosas.	Enfrentarme a mis miedos.	Tomar un baño caliente.	Estrenar ropa nueva.	Ver una peli de risa.
Probar un deporte nuevo.	Recordar las cosas difíciles que he superado.	Desconectar de todo y dejar volar la imaginación.	Hacer cosas buenas por los demás.	Recordar cuáles son mis fortalezas.

2 **Relaciona tus emociones con las prácticas de autocuidado de tu tabla**

Reconocer nuestras emociones y ponerles nombre puede ayudarnos a saber cuándo necesitamos poner en práctica nuestro autocuidado y de qué forma. No todas las prácticas de autocuidado nombradas anteriormente sirven para hacer frente a todas las emociones. Unas serán útiles en algunos momentos y otras ante otros. Por eso, quiero que escribas las diferentes emociones que sueles sentir cuando te encuentras mal y añadas al lado distintas prácticas de autocuidado de tu inventario como forma de afrontarlo.

Ejemplo...

Venganza	→ Apagar el móvil.
Tristeza	→ Ver una película de risa.
Aflicción	→ Pedir cita al psicólogo.
Estupidez	→ Escuchar un pódcast.
Frustración	→ Ir en bicicleta por el monte.
Envidia	→ No entrar en redes sociales.
Ansia	→ Practicar la atención plena.
Inferioridad	→ Practicar la gratitud o recordar cuáles son mis fortalezas.
Aburrimiento	→ Organizar mi próximo viaje.
Impaciencia	→ Hacer sopas de letras.
Enfado	→ Ir a clase de boxeo.

3 **Si te cuesta asociar la emoción con la práctica de auto-cuidado, puedes relacionar cómo te gustaría sentirte después de realizar la práctica de autocuidado. A lo mejor te resulta más sencillo o puedes combinarlo**

Ejemplo:

Agradecimiento → Escribir en mi diario de gratitud o hacer cosas buenas por los demás.

Relajación → Tomar un baño caliente o practicar la atención plena.

Estima → Ir en bicicleta por el monte o estrenar ropa nueva.

Tranquilidad → Hacer sopas de letras o encender una vela.

Diversión → Quedar a comer con amigas o ver una película de risa.

Orgullo → Recordar todo lo que he conseguido.

Creatividad → Hacer recetas nuevas o escribir.

Satisfacción → Valorar las pequeñas cosas.

Confianza → Recordar las cosas difíciles que he superado y cuáles son mis fortalezas.

Consciencia → Escribir y conectar conmigo o encontrar la función de mis emociones.

Atrevimiento → Enfrentarme a mis miedos o probar un deporte nuevo.

Respeto → Poner límites o defender mis valores y creencias.

47
Elabora tu plan para practicar
tu autocuidado

Al igual que no te importa invertir tiempo, energía y esfuerzo para cuidar a los demás, tampoco debe importarte hacerlo por ti. **Dedicarnos tiempo y amor es esencial para demostrarnos que nos queremos y, por tanto, fortalecer nuestra autoestima.** Tratarte como a quien quieres es importante, y por ello, al igual que planeas momentos con los demás, también debes planearlos contigo.

Te invito a que busques formas de implementar el autocuidado en tu rutina. Para ello, quiero que pienses en cosas que vas a hacer por ti de forma rutinaria y decidas cada cuánto tiempo te gustaría aplicarlas y, por tanto, programarlas; de esta forma será más sencillo que sigas tu plan.

Cosas que quiero empezar a hacer por mí:
- Cada día.
- Cada semana o varias veces a la semana.
- Una vez al mes.
- Cada varios meses.
- Una vez al año.

Coge tu libreta y responde cada una de estas preguntas para cada una de esas citas que quieres implementar en tu vida.

- ¿Qué necesito para llevar a cabo esta cita?
- ¿Puede ser en cualquier lugar o tiene que ser en un sitio específico?

Cuando dedicas **tiempo y atención** a tu cuidado personal sientes que te estás dando la **importancia que mereces**. El mensaje que te estás enviando cuando lo haces es **«soy importante y merezco cuidarme»**, por lo que tu forma de verte, valorarte y hablarte mejora y sientes que mereces todos los beneficios que te trae **practicar el autocuidado**.

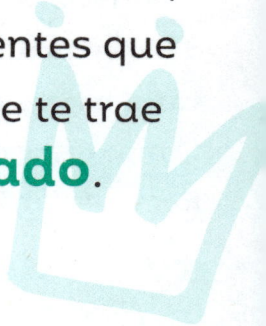

LA ACEPTACIÓN
corporal

El marketing y la publicidad nos bombardean con la creencia de que la felicidad está intrínsecamente ligada a alcanzar unos estándares de belleza normativos, poco realistas, inflexibles y, en ocasiones, nada saludables. La presión social y mediática que se ejerce muy especialmente sobre las mujeres desde que somos muy pequeñas y en cada etapa de la vida contribuye significativamente a la insatisfacción corporal. Esto, a su vez, reduce los niveles de autoestima y bienestar. Para tener una buena autoestima, es importante desafiar estas creencias y reconocer tu valor más allá de tu apariencia física.

¿Qué es la imagen corporal? Es la representación, imagen mental o fotografía que construimos en nuestra mente de nuestro cuerpo. Incluye la percepción del cuerpo, el conocimiento de este y cómo nos sentimos respecto a él.

¿Qué relación hay entre el aspecto físico y la imagen corporal? Es importante diferenciar estos dos conceptos, ya que hay personas que pueden tener una buena imagen corporal y se sienten bien con su cuerpo a pesar de que su aspecto físico se encuentra alejado de los cánones de belleza de la sociedad. En cambio, otras personas que encajarían en los cánones de belleza pueden tener una imagen corporal negativa. Por tanto, es un concepto subjetivo.

¿De qué se compone la imagen corporal?

- **Aspectos perceptivos.** Es la forma en la que percibes tu cuerpo. Cómo percibes tu peso, tu forma corporal, el tamaño de las diferentes partes de tu cuerpo y si las consideras adecuadas o no. La forma en la que se percibe el cuerpo no siempre se corresponde con la realidad. Por ejemplo, podemos percibir partes de nuestro cuerpo más grandes o pequeñas de lo que realmente son.
- **Aspectos cognitivos.** Constituyen los pensamientos y creencias que tienes de tu cuerpo. Por ejemplo, «Si tuviera un cuerpo más tonificado, me sentiría mucho mejor conmigo» o «Mi nariz es demasiado grande y desproporcionada».

- **Aspectos afectivos.** Son los sentimientos que tienes hacia tu cuerpo; indican el nivel de satisfacción que experimentas con tu aspecto físico. Estos sentimientos están influenciados por la cultura y la publicidad. Por ejemplo, sentir vergüenza al mirarte al espejo y ver partes de tu cuerpo que no te gustan; experimentar ansiedad cuando tienes que ir a eventos sociales en los que puede que tengas que mostrar partes de tu cuerpo que no te gustan, como la playa o la piscina, o sentir frustración ante la imposibilidad de no poder cambiar esos aspectos de tu físico que te desagradan.
- **Aspectos conductuales.** Son las conductas que llevas a cabo a partir de tu imagen corporal. Pueden ser:
  - **Evitación:** cuando tu imagen corporal es negativa podrías evitar ir a eventos sociales porque no te sientes bien con tu cuerpo.
  - **Exhibición:** cuando la imagen corporal es positiva puedes sentirte con confianza para mostrar tu cuerpo.
  - **Comprobación:** por ejemplo, medir partes específicas del cuerpo con un metro de forma regular para verificar cambios.
  - **Camuflaje:** una persona a la que no le gustan sus brazos podría optar por usar camisetas de manga larga, incluso cuando hace calor, para evitar que otras personas comenten o vean cualquier característica que a esa persona le cause incomodidad o inseguridad.

- **Rituales:** una persona con una imagen corporal negativa podría desarrollar un ritual de preparación excesivo antes de salir de casa, pasar horas eligiendo la ropa perfecta, aplicándose maquillaje meticulosamente o arreglando constantemente su peinado para asegurarse de que se vea perfecto.

Nuestra imagen corporal se va conformando y está influenciada por muchos factores, como:

- **Los mensajes que recibimos.** Tanto en la infancia como en la adultez, por parte de nuestros amigos, figuras de apego, familiares, profesores u otras personas, pueden influir significativamente en la forma en que percibimos nuestro cuerpo. Mensajes como «Menos mal que es simpático, porque con esa cara…» o «Esa niña está muy gordita para su edad» pueden tener un gran impacto en nuestra autoestima y en nuestra imagen corporal.
- **Cánones de belleza.** Generan una gran presión y tienen una importante influencia en nuestra percepción de la belleza. Hay ciertas características o formas del cuerpo que se consideran ideales y esto puede afectarnos. Muchas de las creencias que tenemos sobre el aspecto físico que «deberíamos» tener son promovidas en redes sociales, medios de comunicación o círculos sociales.

- **Nuestro discurso interno.** La forma en la que nos dirigimos a nosotros y lo que nos decimos también es muy importante. Criticarnos de forma constante o tener muchos pensamientos negativos sobre nuestro cuerpo puede afectar a nuestra imagen corporal.

¿Cómo nos afecta tener una imagen corporal negativa?

1. **Afecta a nuestros comportamientos del día a día.** Al no estar a gusto con nuestro aspecto físico, tal vez evitemos interactuar con otras personas o no participemos en actividades sociales por miedo al juicio o a la crítica. Podemos utilizar ropa que oculte ciertas partes de nuestro cuerpo o revisar constantemente la postura que tenemos.

2. **Puede hacernos estar hipervigilantes.** Tal vez estemos en constante guardia, preocupándonos por cómo los demás nos pueden estar percibiendo.

3. **La comparación constante.** Al no sentirnos bien con nuestro cuerpo tendemos a dedicar mucho tiempo y energía a compararnos con el resto, a rumiar sobre por qué otros tienen características corporales que nos gustan más y a fijarnos en cómo son en otros cuerpos las partes que no nos gustan de nosotros mismos.

4. **Comprobaciones.** Podemos pasar mucho tiempo mirándonos en el espejo, tocándonos partes específicas del cuerpo para verificar su forma o tamaño o, al contrario, evitando mirarnos en el espejo por completo para evitar percibir nuestro cuerpo.

5. **Favorece un sentimiento de impotencia.** La insatisfacción con la apariencia puede generar un sentimiento de impotencia que surge al percibir que a veces no podemos cambiar aspectos de nuestro cuerpo para cumplir con esas expectativas de belleza.

6. **Alejarnos del resto.** La preocupación constante por la apariencia puede llevar al aislamiento, ya que las personas podrían sentirse incómodas o inseguras al interactuar con los demás.

7. **Crea un sentimiento de malestar.** Al no sentirnos satisfechos con nuestra apariencia física es común experimentar malestar.

8. **Afecta a nuestra autoestima.** Una imagen corporal negativa puede contribuir a una autoestima baja, fomentar la autocrítica, limitar las actividades e interacciones sociales, hacernos sentir inferiores y poco válidos y disminuir la confianza que tenemos en nosotros.

HERRAMIENTAS PARA LA ACEPTACIÓN CORPORAL

El objetivo de las siguientes herramientas es conseguir que te veas con una mayor objetividad, pienses de una forma más beneficiosa sobre ti y sientas menor malestar al enfrentarte a la imagen que ves en el espejo. El objetivo no es que cambies tu cuerpo, sino que cambie tu forma de relacionarte con él y lo que piensas sobre él.

48
Lo **primero de todo**, ¿cómo estás ahora?

Coge tu libreta y haz tres tablas como las siguientes. En ellas, vas a apuntar cuáles son tus pensamientos, emociones y comportamientos más frecuentes respecto a tu cuerpo.

Pensamientos

Escribe en la columna de la izquierda los pensamientos más frecuentes que tienes hacia tu cuerpo. Puedes poner tanto datos objetivos («Tengo granos») como creencias («Con la cara llena de granos nadie va a quererme»).

Una vez que los hayas escrito, me gustaría que los transformases por otros más reales y compasivos.

Ejemplo...

PENSAMIENTOS FRECUENTES	PENSAMIENTOS TRANSFORMADOS
Tengo los ojos enanos.	Mis ojos pueden ser pequeños, pero me permiten ver y además tienen un color muy bonito.
Mi pelo es demasiado rizado y desordenado.	Mi pelo es muy diferente y único, la mayoría de gente me dice que le encanta. Es parte de mi identidad.

Emociones

Las emociones que puede provocar nuestra imagen corporal en diferentes situaciones pueden ser muy intensas y desagradables. El primer paso para enfrentarte a ellas es identificarlas. Quiero que pienses y escribas aquellas situaciones relacionadas con tu imagen corporal que pueden hacer aflorar emociones intensas.

Ejemplo...

SITUACIÓN	EMOCIÓN
No encontrar ropa que me quede bien.	Frustración.
Verme en fotos o en el espejo.	Vergüenza.

Comportamientos

Los pensamientos y emociones que aparecen derivados de nuestra imagen corporal pueden ser desagradables y afectar a nuestra conducta. Es posible que si no tienes una imagen corporal positiva tiendas a evitar ciertas situaciones y a ocultar tu cuerpo. Escribe esos comportamientos que llevas a cabo y que son derivados de tu insatisfacción corporal.

Ejemplo...

Evito hablar por miedo a que me miren y se fijen en mi cuerpo.
Me hago retoques estéticos.
Comparo mi cuerpo con el de otros.
No utilizo ciertas prendas de ropa.

Esta herramienta sirve para tomar conciencia de cómo reaccionas ante tu imagen corporal. Te va a ayudar a identificar y transformar tus **pensamientos desadaptativos** más frecuentes, a poner nombre a las emociones que sueles sentir en diferentes situaciones y a fijarte en las conductas que llevas a cabo ante tu imagen corporal para dejarlas atrás.

49
Dibuja tu **cuerpo actual**
y tu cuerpo ideal

Divide un papel en dos partes. En una de ellas dibuja tu imagen real, como te ves actualmente. Pinta en rojo las partes que menos te gustan de ti, en amarillo las que no te encantan pero no te afectan demasiado y en verde las que te gustan. En la otra mitad, representa el cuerpo que desearías tener.

- ¿Qué diferencias hay entre ambas imágenes?
- ¿Cómo cambiaría tu vida si tuvieras la imagen corporal ideal?
- ¿Piensas que si tu cuerpo fuese como te gustaría serías feliz?

Haz una lista de las cosas que crees que cambiarían si tu cuerpo cambiase, cómo te sentirías contigo y las cosas que empezarías a hacer que quizá ahora no haces. Aquí tienes algunos ejemplos.

Si estuviera más delgado, tendría más oportunidades de encontrar pareja.
Si tuviera el cuerpo que deseo, participaría en más actividades sociales.
Cuando me opere los pechos, conseguiré sentirme bien conmigo.

Ahora responde: ¿hacer o sentir esas cosas depende al cien por cien de tu apariencia física? Si tuvieras la apariencia física que deseas, ¿ya podrías hacer o sentir todo eso totalmente? ¿No hay otros aspectos que también influyan en ello? Por ejemplo, a la hora de encontrar pareja, el físico no es lo único importante, también lo es tu forma de ser, tus intereses o tus aspiraciones.

50
Cánones de **belleza** a lo
largo de la historia

El ideal de belleza de las mujeres va cambiando. En algunas épocas, el cuerpo perfecto de las mujeres era esbelto, con brazos largos y delgados, mientras que en otras destacaban las mujeres con curvas pronunciadas y con caderas anchas. En ciertas épocas, la mujer perfecta era la que tenía la piel muy blanca y, en otras, era más atractiva la piel bronceada. Hubo momentos de la historia en que se valoraban unos pechos pequeños; en otros, unos pechos grandes. Antes, las mujeres no podían ser musculosas, ahora está de moda estar fuerte. Todos estos ideales contradictorios responden a modas y tendencias cambiantes; no hay nada escrito.

Por tanto, si te cuesta aceptar tu cuerpo, quiero hacerte las siguientes preguntas:

- ¿Tu cuerpo no es suficiente para ti o para la sociedad?
- ¿Cómo te sentirías si hubieras nacido en una época en la que tu cuerpo fuese el socialmente aceptado y deseado?
- ¿Crees que la insatisfacción que sientes va ligada a tu cuerpo o a tu contexto? ¿Puede que sea fruto de la presión estética del momento?
- El cuerpo considerado ideal cambia cada pocas décadas. ¿Crees que puedes y debes ir modificando tu cuerpo cada vez que estos estándares cambien para así sentir que encajas?

51
El **cuerpo** cambia

No es nada raro sentir cierto miedo a que nuestro cuerpo cambie. Nos transmiten la idea de que cuando envejecemos somos menos deseables y aceptados. Constantemente vemos anuncios de cremas antiedad y tratamientos para envejecer más lento.

Me gustaría que recordases cómo era tu cuerpo en la infancia. Si puedes, coge una foto de cuando eras pequeño o pequeña y otra de cuando eras adolescente. Si eres más mayor, mira también fotos de tu adultez. Después, mírate ahora. Escribe en una tabla las características de tu cuerpo en cada una de las etapas e identifica qué cosas han variado. Puedes fijarte en la altura, el pelo, la piel, el peso, la visión, los cambios hormonales o la forma de tu cuerpo.

Mi cuerpo de pequeño	Mi cuerpo de adolescente	Mi cuerpo ahora

Es importante aceptar que el cuerpo cambia naturalmente a lo largo del tiempo, es parte del proceso de crecimiento y desarrollo. **Estos cambios indican que estás vivo o viva, y todas esas marcas, arrugas y cambios en tu cuerpo lo demuestran.**

52
Mi **imagen corporal** a lo
largo del tiempo

Dibuja una línea como la mostrada a continuación. El objetivo es ir anotando todos los acontecimientos que han podido afectar a tu imagen corporal. Esta línea de vida tiene como objetivo que mires atrás y trates de recordar cuál era tu imagen corporal y qué relación tenías con tu cuerpo con las diferentes edades.

MI IMAGEN CORPORAL
EN CADA ETAPA Y LOS
ACONTECIMIENTOS QUE
ME HAN PODIDO AFECTAR

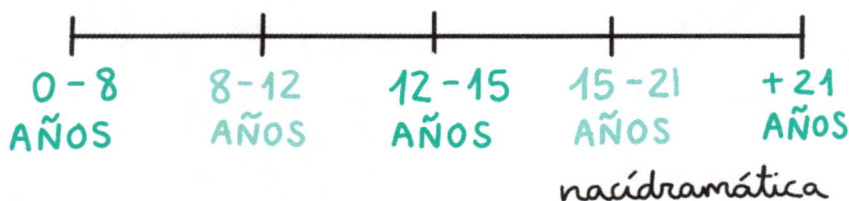

0 - 8 AÑOS	8 - 12 AÑOS	12 - 15 AÑOS	15 - 21 AÑOS	+ 21 AÑOS

nacidramática

- ¿Puedes recordar alguna vivencia en relación con tu imagen corporal que haya supuesto un antes y un después?

- ¿Cómo estabas en cada una de las etapas indicadas? ¿Había algo que influenciase en tu forma de sentirte sobre tu apariencia?
- ¿A qué edad consideras que tu imagen corporal dejó de ser positiva? ¿Ocurrió algo?
- ¿Consideras que actualmente tienes una imagen corporal negativa o positiva?
- ¿Cómo crees que te afecta en tu vida tu imagen corporal?
- ¿Alguna vez has hecho algo con el fin de modificar tu imagen corporal?

53
¿Cómo te han **influenciado** los comentarios que has recibido?

Quiero que pienses en tu «yo» de menos de diez años.

- Cuando eras pequeño, ¿tenías complejos? ¿Había partes de ti que no te gustaban?
- ¿Puedes recordarlo?
- ¿Recuerdas a qué edad empezaste a fijarte en esas cosas que no te gustan de ti?
- ¿En qué momento empezaste a pensar que tu cuerpo no es bonito? ¿Por qué no te gusta tu cuerpo?

Me gustaría que vieses en YouTube el vídeo **«Si pudieras cambiar una sola parte de tu cuerpo, ¿qué cambiarías?»**.

Los adultos tienen muy claro cuáles son sus complejos y no dudan en responder. En cambio, los niños no saben bien qué decir y muchos de ellos simplemente comentan que les gustaría tener superpoderes. ¿Por qué piensas que los niños interpretan la pregunta de una forma diferente a los adultos?

Cuando somos pequeños, no entendemos lo que es estar gordo o delgado, no nos hacemos cargo de lo que es ser alto o bajo, lo aprendemos y lo hacemos porque otros nos lo dicen. Las personas que nos rodean son las que nos dicen «Esta chica está gorda», «Has visto ese chico alto», «Esta chica es muy guapa» o «Él es feo».

Por tanto, si no hubieras recibido este tipo de comentarios cuando eras pequeño o pequeña (los cuales evidentemente te han influido), ¿crees que aceptarías tu cuerpo tal como es?

54
Afronta de **forma activa** las emociones desagradables

Puede que muchas situaciones relacionadas con tu imagen corporal te resulten desagradables. Por ejemplo, al mirarte en el espejo puede aparecer un gran malestar. Hay dos formas de enfrentarlo:

- **Escape o evitación.** Tratas de eliminar el malestar evitando la situación o escapando de ella. Esto puede implicar dejar de mirarte, cambiarte de ropa rápidamente o evitar situaciones que impliquen ver tu reflejo. Aunque eso puede proporcionar alivio temporal, el malestar regresa cuando te enfrentas nuevamente a tu imagen en el espejo.

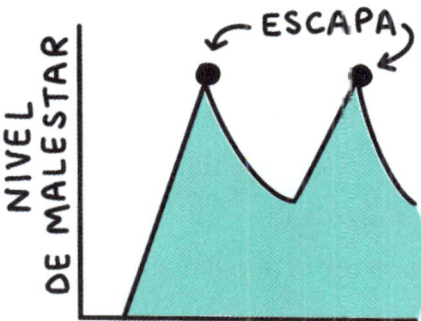

- **Afrontamiento activo.** Eliges enfrentarte al malestar y permanecer frente al espejo, a pesar de las emociones desagradables que experimentas. Al hacerlo repetidamente, la intensidad del malestar podría disminuir gradualmente con el tiempo. Con la práctica y la exposición repetidas, puedes aprender a tolerar las emociones negativas asociadas con mirarse en el espejo y cada vez sentir menos malestar al hacerlo.

EVITACIÓN

NIVEL DE MALESTAR

ESCAPA

AFRONTAMIENTO

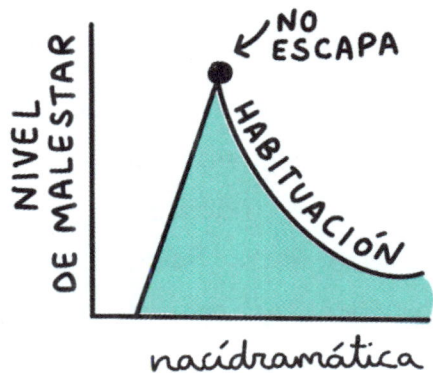

NIVEL DE MALESTAR

NO ESCAPA

HABITUACIÓN

nacidramática

Ambas estrategias tienen consecuencias diferentes en cuanto a la gestión del malestar. La evitación puede proporcionar alivio inmediato, pero perpetúa el malestar cada vez que la persona se mira en el espejo. En cambio, el afrontamiento activo implica enfrentar el malestar, lo que conducirá a una mayor tolerancia emocional y a una reducción a largo plazo del malestar asociado a mirarse en el espejo.

55
Carta a
tu cuerpo

En esta herramienta te propongo escribir una carta a tu cuerpo. Hacerlo va a ayudarte a conectar contigo de una forma profunda. Piensa en tu cuerpo, desnúdate ante un espejo, dibújate o mira fotos tuyas del pasado y de ahora, si lo necesitas, para conectar más con él y que sea más fácil empezar a escribir.

Vas a poder transmitirle todo lo que has pensado en el pasado sobre él y lo que piensas ahora; expresar todas las preocupaciones, insatisfacciones y juicios que tienes hacia él, agradecerle todos los momentos que te ha permitido vivir, pedirle perdón si en algún momento lo odiaste o llevaste a cabo prácticas destructivas para él, transmitirle todas las partes que te ha costado aceptar, incluso cómo te has sentido cada vez que te mirabas al espejo.

También vas a poder prometerle cómo vas a tratarlo a partir de ahora y a reconocer todo lo que habéis superado juntos.

CARTA A MI CUERPO

Querido cuerpo,
hoy quiero tomarme un rato para escribirte y contarte un poco cómo me siento y me he sentido. Estoy mirándome al espejo y siento rabia, rabia porque te he hablado muy mal durante mucho tiempo, incluso he llegado a odiarte en ocasiones.
Te he juzgado mucho y te he preguntado mil veces por qué no eras de otra forma y te he comparado con otros cuerpos que me gustaban más. Y me siento mal.
Me siento mal porque gracias a ti puedo disfrutar de cada cosa que hago y no te mereces que te haya tratado así, perdón.
Me comprometo a tratarte mejor, a aceptarte más y cuidar de ti.
Gracias por acompañarme en este viaje. ♡

nacidramática

56
La imagen corporal
no es tan importante
para alcanzar tus sueños

Muchas personas vinculan su imagen corporal con sus metas y aspiraciones. Esto puede llevar a la creencia errónea de que alcanzar un cierto peso o aspecto físico es necesario e indispensable para lograr el éxito en la vida profesional, personal y social. A veces, podemos pensar que nos querrán más o nos apoyarán más si tenemos cierto tipo de cuerpo, y que las oportunidades que se nos ofrecerán a nivel laboral o interpersonal serán más y más valiosas. Además, pensamos que, si alcanzamos una determinada imagen corporal, nos sentiremos más cómodos y seguros con nosotros mismos. Haz una lista de tus sueños y objetivos y luego responde a las siguientes preguntas:

- **¿Qué necesitas para conseguir los objetivos que deseas?** Ejemplo: «Necesito disciplina, capacidad de concentración, apoyo de mis seres queridos y recursos económicos».
- **¿Crees que sin la imagen corporal que deseas podrías conseguirlos?** Ejemplo: «Considero que sí. Para lograr mis sueños necesito desarrollar ciertas habilidades y sentir que me dan apoyo. Mi apariencia física no determina mi capacidad para alcanzar esos objetivos».

- **Dedicar mucho tiempo y energía en conseguir la imagen corporal deseada ¿te está acercando a tus metas?** Ejemplo: «Me estoy dando cuenta de que buscar constantemente la perfección corporal me distrae, no me hace concentrarme en mis metas y me hace consumir energía que podría estar dedicando a perseguir mis objetivos. Por ello, veo que, en lugar de acercarme a ellos, me está alejando».

- **A la hora de conseguir tus sueños, ¿qué cambiaría si ya tuvieses la imagen corporal que deseas?** Ejemplo: «Es posible que sintiera más seguridad en ciertas situaciones sociales o laborales, pero mis objetivos y sueños no cambiarían. La verdadera satisfacción y realización proviene de lograr mis metas y vivir de acuerdo con mis valores, no con mi apariencia física».

Hacer este ejercicio va a ayudarte a desvincular tu percepción de valía con la apariencia física. Te puede ayudar a reconocer que tu valía y felicidad no están determinadas por tu apariencia física. También te permitirá valorar otras cosas que son importantes para sentirte realizado o realizada y bien contigo. Puede hacerte ver que tus objetivos están relacionados con otros aspectos también importantes, como tus habilidades, personalidad o relaciones personales.

57
¿Cuánto **dinero generan** tus inseguridades?

La industria de la belleza nos vende un modelo estético irreal e inalcanzable para la mayoría de nosotros; nos transmite que tenemos que trabajar por alcanzarlo. Te invito a buscar en Google «antes y después Photoshop» para que veas cuál es la realidad de muchas de las fotos que vemos en anuncios.

- ¿Cuál crees que es el fin último de la publicidad?
- ¿Cómo te sientes al ver cuerpos «perfectos» y que tratan de venderte un producto para alcanzarlos?
- ¿Crees que los cuerpos que se muestran son reales?
- ¿Cuántas personas de tu entorno se acercan a estos estándares de belleza?
- ¿Por qué se promocionan estos ideales de belleza inalcanzables e irreales?
- ¿Cuántos de los vídeos e imágenes que ves al día en redes sociales son reales y no están editados?

La industria de la belleza se lucra de cada una de tus inseguridades; por eso invierte tanto en marketing y publicidad para generarte nuevos complejos.

Así que antes de comprarte una crema con mil promesas antiedad, antes de hacerte una operación estética, antes de saltarte una comida para poder entrar en una talla concreta, pregúntate: «¿Lo hago porque quiero o lo hago porque una industria millonaria me ha sugestionado bombardeándome con necesidades que no han surgido de mí?». Ninguna respuesta es reprobable, pero reflexionar sobre esta pregunta conscientemente cambia nuestra capacidad de tomar decisiones y actuar más acorde con nuestros valores.

Solemos estar totalmente convencidos de que solo podremos **amar nuestro cuerpo** si desaparecen los que consideramos **defectos**, pero para nada es así. El secreto es concentrarnos en cambiar la forma en la que nos **vemos, no cómo somos**.

LA COMUNICACIÓN CON
los demás

La autoestima juega un papel crucial en la forma en que nos relacionamos con los demás y también en la calidad de nuestras relaciones. A su vez, **las relaciones interpersonales influyen mucho en la autoestima**. Por tanto, son variables que se influyen mutuamente. Si una persona no se respeta ni valora, es probable que mantenga relaciones disfuncionales con el resto; mantener este tipo de relaciones, con el paso de los años, provocará que su autoestima se vea cada vez más limitada.

Es importante fortalecer nuestra autoestima para fomentar relaciones más positivas y enriquecedoras, y hacer cambios en nuestra forma de interactuar puede ayudarnos a querernos más.

La asertividad está muy relacionada con una sana autoestima. Podríamos definirla así: «Yo tengo derechos y los demás también, y los míos son tan importantes como los del resto». Cuando somos asertivos, defendemos nuestros derechos de forma respetuosa, mostrando a la otra persona lo que queremos y, por tanto, reconociendo nuestro propio valor. Nos sentimos seguros de expresar nuestros sentimientos, necesidades, preferencias, opiniones y pensamientos sin miedo a lo que puedan decir los demás. Además de ayudarnos a nosotros mismos, también nos ayuda a mejorar la relación con los otros, ya que esta se vuelve más sincera y directa. Al mismo tiempo, respetamos los derechos del resto.

Algunas características de cómo se comporta una persona con una autoestima fortalecida son:

- Muestra un patrón asertivo de comunicación y conducta.
- Tiene en cuenta, valora y escucha lo que el resto opina, pero esa opinión no influye excesivamente en su forma de actuar o pensar.
- Expresa sus deseos, creencias, necesidades, opiniones y sentimientos, y entiende y tolera los de los otros.
- Acepta las fortalezas y limitaciones propias y las del resto.
- Muestra seguridad y estabilidad al relacionarse con los demás.
- Defiende sus derechos y opiniones sin restar valor a los de otros.

- Afronta de forma positiva los desafíos y no le importa pedir ayuda si la necesita.
- Cuenta con una buena gestión emocional y expresa de forma constructiva lo que necesita y quiere.

Las personas que tienen una autoestima limitada, en cambio, sienten inseguridad e infravaloran sus fortalezas. Además, suelen tener un alto nivel de rigidez tanto hacia sí mismas como hacia los demás, lo que provoca una dificultad para aceptar los propios errores y limitaciones, así como la crítica ajena. Eso dificulta el desarrollo de relaciones sanas y significativas. Suelen utilizar formas no asertivas para comunicarse y tienden a usar patrones de interacción pasivos o agresivos. Pueden ser sumisas y dependientes (sienten que solo de esa forma pueden ser queridas) o agresivas, atacando e imponiendo lo que quieren y piensan, y demuestran ser «las que más» como forma de no mostrarse vulnerables.

Las personas que cuentan con una autoestima sana:

- Suelen tener relaciones saludables, ya que valoran su bienestar, y por ello son capaces de establecer límites claros.
- No tienen miedo de expresar sus necesidades y deseos, por lo que fomentan una comunicación sincera y una conexión más profunda con sus seres queridos.

155

Las personas con una autoestima limitada:

- Pueden experimentar dificultades a la hora de relacionarse con el resto.
- Es posible que se sientan no merecedoras de amor o respeto, lo que puede llevarlas a conformarse con relaciones poco saludables que reflejan sus creencias negativas sobre sí mismas.
- Pueden presentar dificultades para establecer límites, comunicar sus necesidades o abandonar relaciones que son perjudiciales para su bienestar.

HERRAMIENTAS PARA DESARROLLAR TUS HABILIDADES SOCIALES

58
Aceptar
cumplidos

A menudo tendemos a minimizar o desestimar los cumplidos que nos hacen. Aprender a recibirlos puede tener un impacto positivo en la percepción personal y en nuestra autoestima.

Piensa en un cumplido que te hayan hecho recientemente y trata de recordar cómo te sentiste y reaccionaste. ¿Cómo te sientes cuando alguien te dice un cumplido? ¿Te gusta? ¿Piensas que se está burlando de ti? ¿Crees que miente? ¿Te altera el estado nervioso? ¿Tratas de minimizarlo o justificarlo? ¿Le restas importancia?

Cuando te dicen cosas como «Qué bonito te ha quedado el maquillaje», es posible que respondas con evasivas, del tipo «La verdad que he tardado poco en hacerlo», «Lo he hecho con maquillaje muy barato, ya ves tú», «El tuyo es muy bonito también», «Si no me arreglo hoy, que es un día importante, no sé cuándo lo voy a hacer».

Es algo simple pero que dice mucho de cómo nos percibimos a nosotros mismos. Así que, a partir de ahora, cuando alguien te haga un cumplido:

- Responde al cumplido con un simple «gracias». Evita la tentación de agregar comentarios que resten valor al elogio.
- Evita minimizar tus logros o cualidades. No sucumbas a la necesidad de restar importancia a lo que se te está reconociendo.
- No trates de dar explicaciones o justificaciones adicionales. No sientas que debes demostrar por qué mereces el cumplido.
- Tómate un momento para reflexionar sobre el cumplido. Internaliza las palabras positivas y permítete sentirte bien contigo.

- Elimina cualquier sentimiento de culpa asociado con recibir un cumplido.

Aceptar elogios no significa que seas arrogante; simplemente estás reconociendo algo positivo sobre ti que los demás también ven.

59
Identifica el **posible origen** de
tu falta de asertividad

A veces, nos cuesta ser asertivos y tener en cuenta tanto lo que es importante para nosotros como lo que lo es para el resto. Esto puede ser debido a:

- **Modelado.** Haber visto a muchas personas o en numerosas ocasiones conductas no asertivas y, por tanto, que hayamos aprendido de ellas.
- **Refuerzo.** Que nos hayan premiado y reforzado las conductas no asertivas.
- **Castigo.** Resultado de que nos hayan juzgado al llevar a cabo conductas asertivas.

¿Te resuena alguna de estas tres opciones? ¿Identificas personas que se comportaban de forma no asertiva de las que puedes haber aprendido? Si has absorbido algunas de estas conductas, no te preocupes, puedes desaprenderlas y practicar la comunicación asertiva.

60
Suposiciones
interiorizadas

En ocasiones, tenemos algunas suposiciones muy interiorizadas, las cuales nos dificultan o impiden ser asertivos. Mediante esta herramienta quiero que las pongas en duda y las transformes en derechos asertivos. Algunas de las más comunes son:

1. Tengo que ser flexible y adaptarme a todo. → ¿De verdad he de decir «sí» a todo? ¿O tengo derecho a priorizar mi bienestar y decir «no» cuando sea necesario?
2. Las quejas es mejor no mostrarlas, a la gente no le gustan. → ¿Es justo para mí reprimir mis sentimientos solo para complacer a los demás? ¿O tengo derecho a expresar mis emociones?
3. Es egoísta anteponer mis necesidades. → ¿Es justo que descuide mis necesidades en beneficio de los demás todo el tiempo? ¿O tengo derecho a cuidar de mí y buscar un equilibrio saludable entre mis necesidades y las del resto?
4. He de justificar lo que hago. → ¿De verdad debo explicar mis decisiones a los demás todo el tiempo? ¿O tengo

derecho a actuar según mis propios valores y deseos, sin sentir la necesidad de justificarlo constantemente?

5. Debo tener las ideas claras y no cambiarlas. → ¿Es realista esperar que siempre tenga una opinión definitiva sobre todo? ¿O tengo derecho a cambiar de opinión y adaptarme a nuevas informaciones o experiencias?

6. No encuentro nada de lo que quejarme, las cosas podrían estar peor. → ¿De verdad no es posible desear una mejor situación o que las cosas cambien? ¿O tengo derecho a buscar mejoras en mi vida?

7. He de poner buena cara y estar ahí por si me necesitan. → ¿Es justo para mí sacrificar mi propio tiempo y bienestar para satisfacer constantemente las necesidades de los demás? ¿O tengo derecho a establecer límites y tomarme tiempo para mí cuando lo necesite?

8. Debo estar de acuerdo con los demás para que me acepten. → ¿Tengo derecho a tener mis propias opiniones y diferencias y aun así a que me respeten y me acepten? ¿Por qué pienso que ser aceptado está relacionado con no expresar mi opinión?

9. Si alguien me da un consejo, he de hacerle caso, seguro que tiene razón. → ¿Debo hacer ciegamente lo que me digan? ¿O puedo tener en cuenta los consejos que recibo y tomar mis propias decisiones basadas en mi criterio y conocimiento?

10. No hay que hacer perder el tiempo a los demás con nuestros problemas. → ¿Si alguien me quiere va a sentir que pierde el tiempo escuchando lo que me ocurre? ¿O puedo pedir ayuda cuando la necesito?

11. Siempre debo mostrar modestia y minimizar mis logros. → ¿Es justo para mí minimizar mis éxitos para no incomodar a los demás? ¿O tengo derecho a reconocer y celebrar lo que hago bien sin sentirme culpable?

Investiga cuáles de las propuestas son las suposiciones que tienes más interiorizadas, reflexiona si hay otras y ponlas en duda.

61
Semáforo de las relaciones

Para esta herramienta necesito que cojas tu libreta y dibujes un semáforo con los colores verde, amarillo y rojo. Al lado de cada color vas a escribir nombres de personas que relaciones con ese color. El objetivo es que no solo pongas a la gente más cercana, sino también a otras personas que han formado parte de tu vida y con las que quizá ahora no tienes tanta relación. Usar la lista de tus contactos del móvil puede ayudarte a encontrar personas que igual no recordabas demasiado.

- **Verde.** Escribe aquí los nombres de las personas que te hacen sentir bien, en quienes confías y con quienes disfrutas pasar tiempo. Te llenan de energía positiva y te hacen sentir feliz y valorado o valorada.

- **Amarillo.** Escribe aquí los nombres de las personas con las que a veces te sientes bien, pero otras veces te generan dudas o preocupaciones.
- **Rojo.** Aquí van los nombres de las personas que no te suman en absoluto, que te hacen sentir mal, te generan estrés o ansiedad, o simplemente no contribuyen con nada positivo a tu vida.

EL SEMÁFORO DE MIS RELACIONES

PERSONAS ROJAS: JAVI, PAULA Y PRIMA MAMEN

PERSONAS AMARILLAS: IRENE, TÍO JUANJO, LUCÍA, PEDRO Y CRISTIAN

PERSONAS VERDES: MAMÁ, MARINA, MARÍA, ALEX, NURIA, NAIARA, ROSA, MARTÍN, YAYA, PAPÁ, PABLO Y LUZ

nacidramática

Una vez que hayas identificado a las personas en cada categoría, reflexiona sobre la distancia que deseas mantener con cada una de ellas. Puedes decidir acercarte más a las personas verdes, mantener una distancia moderada con las personas amarillas y alejarte considerablemente de las personas rojas.

Toma medidas concretas para interactuar más con quienes te hacen bien, como llamarlas, quedar con ellas o pasar más tiempo disfrutando de su compañía. Al mismo tiempo, establece límites saludables con las personas amarillas y rojas, reduciendo la frecuencia de contacto o estableciendo límites claros en la relación. Este ejercicio te ayuda a decidir la distancia que deseas mantener con las personas que te rodean y, aunque ya mantuvieses la distancia deseada con ellas, hacerlo y recordarlo te ayudará a interiorizarlo.

62
Deja de **jugar a** adivinar

A veces, en lugar de preguntar al resto, nos pensamos que somos adivinos y creemos saber lo que piensan o sienten.

«Si le pido que me deje ese vestido, va a creer que no tengo dinero para comprarme ropa». «Cómo voy a gustarle, si seguro que le gustan los hombres más altos que ella». «Llevo siete años trabajando de informática; si ahora pregunto cómo se hacía esa tarea tan sencilla, mi jefe va a pensar que no estoy suficientemente cualificada para el trabajo». «Si me ha hablado seguro que es porque quiere preguntarme por Laura, no creo que de verdad esté interesándose por mí».

¿Alguna vez te ha ocurrido? ¿Te identificas con este tipo de pensamientos? ¿A veces juegas a adivinar? A partir de ahora, cuando aparezcan este tipo de pensamientos, te invito a ponerlos en duda y preguntarte: ¿Cómo lo sé? ¿Tengo pruebas? ¿Cómo puedo saber si es verdad lo que estoy pensando?

63
Pon límites

Poner límites es tener la capacidad de decir «no» cuando lo creemos necesario y decir «sí» cuando de verdad nos apetece e interesa lo que nos proponen. Esta habilidad es necesaria para sentirse cómodos a la hora de interactuar con el resto. Si decimos «sí» cuando en realidad queremos decir «no», nuestra autoestima se ve limitada. Esto ocurre cuando nos sentimos atacados pero no nos vemos con la capacidad de poner freno a esa situación, es decir, de poner límites.

Para empezar a poner límites hazte estas preguntas:

- ¿Cuáles son algunos de los límites que tienes muy claros y que sabes que nadie debe pasar? Dedica un tiempo a pensar cuáles son tus líneas rojas y qué cosas no quieres dejar que pasen en las diferentes áreas de tu vida.

- ¿Recuerdas alguna situación en la que cruzaste el límite que alguien puso? ¿Qué ocurrió? ¿Cómo supiste que lo habías cruzado?

- ¿Alguien ha cruzado alguno de tus límites en alguna ocasión? ¿Cómo supiste que lo había cruzado? ¿Qué sentiste? ¿Qué emociones afloraron? ¿Cómo respondiste a esa situación?

- ¿Alguna vez has dicho «sí» queriendo decir «no»? ¿Qué habría cambiado si hubieras dicho «no»? ¿Habría tenido beneficios decir «no»? ¿Cuáles? ¿Tuvo beneficios decir «sí»?

- ¿Has puesto límites saludables con alguien? ¿Quién? ¿Hay alguien que haya establecido límites contigo pero aún no ha escuchado lo tuyos? ¿Hay alguien que siempre escucha tus límites pero tú no tanto los suyos? ¿Con qué personas sientes que necesitas poner límites? ¿Hay algunas personas con las que sientes que te cuesta más hacerlo? ¿Crees que te cuesta poner límites? ¿Qué piensas que necesitas para establecer límites a partir de ahora?

Tener claro cuáles son tus límites es el primer paso para empezar a ponerlos. Por otro lado, recordar situaciones en las que se han cruzado tus límites te ayudará a extraer información sobre tus sentimientos y pensamientos, así como identificar las personas que suelen traspasar tus límites y empezar a ponerlos ahora. Reflexionar sobre los posibles beneficios de haber dicho «no» en situaciones en las que dijiste «sí» será útil para responder de la forma que te beneficia en situaciones futuras. Indagar sobre los posibles beneficios de decir «sí» cuando en realidad quieres decir «no» te ayudará a detectar por qué te cuesta poner límites. **Los límites son necesarios para que en las relaciones interpersonales triunfe el respeto.** Es necesario respetar los límites que proponen los demás y también respetarte a ti poniendo límites al resto.

64
Checklist para
poner límites

- ☐ Cuando digas «no», hazlo de forma segura y consistente: «no», «no, gracias», «no, no me apetece», «no, gracias por decírmelo, pero prefiero hacer otra cosa».
- ☐ Siéntete con la libertad de decir «no» sin dar explicaciones. Cuantas más excusas pongas, mayor probabilidad tendrá el otro de convencerte.

☐ Si es necesario, utiliza la técnica del disco rayado: di «no» sin añadir más información y sin excusarte todas las veces que sea necesario, hasta que la otra persona se canse.

☐ Si la persona sigue sin respetar tu «no» como respuesta, puedes incluso irte. Puedes decir algo como «Voy un momento al baño», y así cuando vuelvas será más probable que no quiera seguir hablando de lo mismo. Y, si fuese necesario, irte totalmente o dejar de hablar con esa persona.

☐ Cuidar tu lenguaje no verbal, mostrando una postura firme, hablando y diciendo «no» con un tono de voz tranquilo y mirando a los ojos.

☐ Puede que aparezca una cierta incomodidad o malestar al poner límites, pero recuerda que, cuando no lo haces, también aparece la incomodidad o el malestar. La gran diferencia entre las dos situaciones es que el primero será un malestar sano que fortalecerá tu autoestima. En cambio, el segundo es un malestar insano que la debilitará.

65
Asume la **reacción de la otra** parte sin culpabilidad

Cuando decidimos poner límites, los demás reaccionan. Muchas personas reaccionan bien y respetan nuestra decisión, pero otras pueden reaccionar de una forma diferente a la que nos gustaría. Puede que no estén acostumbradas a que les pongas límites y no comprendan que ahora lo hagas. Es posible que cuando los pongas empiecen a recordarte todo lo que hicieron por ti o te transmitan su decepción. Esto puede generar un malestar en ti, y por eso mismo quería dejarte esta herramienta. Cuando aparezca el malestar, para un momento y hazte las siguientes preguntas:

- Cuando he puesto límites, ¿cuál era mi intención?
- ¿Quería hacer daño? ¿Quería decepcionar?
- ¿Había maldad en mis actos?

Contesta de forma sincera y, si tu conclusión es que al poner límites solo te estabas priorizando sin la intención de hacer daño, contesta:

- ¿Le he dicho «no» de forma respetuosa?
- ¿Está respetando mis límites? ¿Está respetando mi decisión?
- Si quiere que diga «sí» cuando quiero decir «no», ¿se está priorizando o está teniendo mis necesidades en cuenta y valorando mi bienestar?
- ¿Me está intentando hacer sentir mal?
- Si cambiase mi respuesta y mi forma de actuar, ¿lo haría por esa persona? ¿Qué beneficios tendría para mí? ¿Me priorizaría o me debilitaría? ¿Qué ocurriría con la seguridad que tengo en mí? ¿Aumentaría o disminuiría?

Las personas pueden enfadarse y esto no lo podemos controlar, pero sí podemos controlar qué hacemos con ese enfado. Podemos entrar en su juego, retirando el límite que habíamos decidido establecer para así agradar a la otra persona o sintiéndonos mal por su enfado. Cuando una persona se enfada tras establecer un límite, para nada está teniendo en cuenta tus necesidades ni te está respetando.

66
Pide lo que necesitas y que no te afecte un «no» por respuesta

Cuando las personas de nuestro alrededor se comportan de formas que influyen en nuestro bienestar, es importante que se lo hagamos saber y pedir que cambien su comportamiento.

Podemos tener pensamientos no asertivos que fomentan la agresividad, como «Es un imbécil», «Como me vuelva a hacer algo así, se va a enterar», «Tendría que saber que se está comportando mal sin que tuviese que decírselo». También podríamos tener pensamientos que fomentan la pasividad, como «Igual no tiene tanta importancia», «Aunque le diga lo que pienso va a seguir igual», «Es mi amigo, tengo que soportar lo que hace».

Pedir lo que necesitamos está bien, pero no debemos hacerlo desde la exigencia. Cuando aceptamos que la otra persona tiene derecho a decir «no» a nuestra petición, reconocemos y damos valor a nuestros propios derechos. Esto en realidad nos protege y nos ayuda a hacer peticiones cuando lo necesitamos.

Si te cuesta hacer peticiones, practica con estas recomendaciones:

1. **Trata de ser directo o directa.** Cuando hagas una petición, ve al grano y no te andes por las ramas. Por ejemplo, en lugar de decir «¿Podrías considerar la posibilidad de...?», podrías decir «Por favor, ¿podrías hacer...?».

2. **Puedes añadir explicaciones, pero no es necesario.** Aunque no estás en la obligación de justificar tu petición, a veces proporcionar una breve explicación puede ayudar a la otra persona a entender tu solicitud. Por ejemplo: «¿Podrías revisar este informe, por favor? Necesito asegurarme de que no haya errores antes de enviarlo».

3. **No tienes que pedir perdón.** Evita disculparte innecesariamente al hacer una petición. En lugar de decir «Lo siento por molestarte, pero ¿podrías...?», limítate a decir «Por favor, ¿podrías...?».

4. **Sea cual sea la respuesta, acéptala.** Ten en cuenta que la otra persona tiene derecho a aceptar o rechazar tu petición y debes respetar su decisión.

67
Cuestiona y filtra las
críticas que recibes

Cuando recibas una crítica, no dejes que entre directamente en ti. Antes párate y fíltrala. Puede que esa persona tenga razón o puede que no, pero no la tomes como verdad desde el momento en el que sale de su boca.

Imagina que un amigo te hace una crítica sobre unos pantalones que sueles usar. ¿Qué puedes hacer? Antes de cambiarte de ropa, te propongo lo siguiente:

1 Considera qué piensas tú. ¿Crees que los pantalones te favorecen? ¿Cómo te sientes cuando los llevas? ¿Te gustan? ¿Cuando te los pones quieres que te favorezcan?

2 Pregunta a otras personas si lo sientes necesario. Puedes pedir opiniones a otras personas importantes para ti, para que te comenten su punto de vista sobre los pantalones.

3 Confía en tu propio juicio. Tras reflexionar sobre la crítica y la opinión contrastada con otras personas, teniendo siempre tu opinión en cuenta, es momento de decidir. ¿Estás de acuerdo con las opiniones ajenas? Si a ti te gustan, ¿puedes seguir llevándolos aunque alguien pueda criticarlo?

No le des más valor a lo que piensa el resto que a lo que piensas tú. Tú tienes tu propio criterio, es igual de válido que el de otros y puedes utilizarlo.

68
Aprende a
recibir críticas

- ¿Cómo te sientes cuando recibes una crítica?
- ¿Sientes que te atacan?
- ¿Tratas de defenderte cuando la recibes?
- ¿Cómo reaccionas cuando se trata de una crítica constructiva?
- ¿Y si esta es destructiva?
- ¿Aprovechas las críticas que recibes para mejorar?

Tu actitud ante las posibles críticas es muy importante para responder de forma adecuada. Cuando recibas una crítica, vas a tratarla de primeras como una crítica constructiva. Por dos razones: por un lado, para poder extraer toda la información posible que pueda sernos útil; por otro lado, para no entrar en el juego de la persona que nos ha hecho dicha crítica y no hacer que esta se crezca. Antes de responder, te recomiendo:

- Escuchar todo lo que quiere decir la persona.
- Tratar de encontrar la razón de por qué te hace esa crítica.
- Empatizar con cómo se siente.
- Intentar que las emociones que pueden haber aflorado no afecten en tu respuesta.

Una vez que hayas analizado el mensaje, tu respuesta va a ser diferente si sientes que esa crítica es constructiva o no.

- **Si es una crítica constructiva.** Puedes afirmar que sí, que tiene razón y que lo reconoces. Cuando le das la razón a esa persona, poco más le queda por decir. De esa forma conseguirás detener su crítica. Es importante que solo hagas esto cuando de verdad sientas que la crítica es constructiva y estás de acuerdo con sus palabras. Dar la razón porque sientes incomodidad o porque quieres que detenga su discurso cuanto antes, y no porque de verdad compartes lo que piensa, debilitará tu autoestima a largo plazo.

- **Si es una crítica destructiva.** Cuando no compartes del todo la opinión, puedes darle la razón parcialmente. Dale solo la razón en las partes que consideres que la tiene, pero las partes en las que crees que se está equivocando puedes señalarlas. Esto será útil para detener las críticas sin debilitar nuestra autoestima.

69
Di **cosas buenas**
al resto

Solemos fijarnos mucho en las cosas negativas, solemos quejarnos, criticar o poner el foco en lo que no nos gusta. Por ello, te propongo que, a partir de ahora, trates de encontrar cosas buenas de otras personas y, cuando así sea, se lo digas. Haciendo esto, no solo vas a alegrar el día y a motivar a esa persona, sino que, poco a poco, irás acostumbrándote a fijarte en las cosas positivas y buenas, y será más sencillo cada vez que también las encuentres en ti.

YA VA SIENDO HORA DE PONERME ESTAS GAFAS, QUE ESTÁN COGIENDO POLVO

GAFAS PARA FIJARSE EN COSAS BUENAS

nacidramática

Haciendo este ejercicio vas a conseguir cambiar la perspectiva y el chip (que quizá tienes en lo negativo), y, al fijarte mucho más en las cosas buenas del resto, también lo harás en las tuyas.

La autoestima es el cimiento sobre el cual se construyen relaciones **bonitas y saludables**. Necesitamos valorarnos y querernos para poder disfrutar de **relaciones equilibradas**.

EL AMOR Y LA DEPENDENCIA
emocional

La autoestima es la columna vertebral de muchas áreas de nuestra vida; es muy necesaria para que todo funcione bien y, como ya hemos visto afecta a nuestras relaciones sociales. Dentro de las relaciones sociales, cabe destacar el gran impacto que tiene en las relaciones de pareja. **Cuando tenemos una autoestima sana, sentimos que valemos y sentimos seguridad en nosotros mismos**, independientemente de lo que otros nos digan o piensen de nosotros. Nuestra autoestima afecta a los comportamientos que tenemos en nuestra relación de pareja, a cómo nos sentimos con ella, a lo que pensamos sobre ella y a la calidad de esta. Al final, tener una autoestima sólida va a permitirnos construir relaciones saludables, y no tenerla puede hacer que nos adentremos en prácticas destructivas que no nos hacen bien ni a nosotros ni a los demás. Las personas inseguras tienden a depender de su pareja para satisfacer sus necesidades afectivas que, por sí mismas, pueden ser incapaces de satisfacer.

¿Cómo afecta la baja autoestima en las relaciones de pareja?

- **Miedo al abandono.** Pueden aparecer pensamientos como «Si se va, me muero», «Sin mi pareja no puedo vivir» o «Con tal de que sigamos juntos hago lo que sea». Se siente un nivel muy alto de malestar o angustia ante la idea de que esa persona deje la relación.
- **Inseguridad.** La persona puede llegar a considerar que, al igual que no es suficiente para sí misma, tampoco lo es para su pareja, lo que la lleva a preguntarse constantemente si su pareja la ama lo suficiente o si va a abandonarla en cualquier momento. Vive en una constante duda.
- **Comportamientos posesivos y de control.** Al sentir poca confianza en sí mismas, las personas inseguras pueden dudar del amor que les da su pareja, ya que no se sienten merecedoras de este. Esto provoca que desconfíen de la sinceridad que muestra hacia ellas. Constantemente piensan que su pareja puede encontrar a una persona más guapa, más inteligente, más exitosa, etc. Tienen mie-

do de que, al conocer a esa supuesta persona, su pareja descubra lo poco que vale ella (basado en su creencia). Por ese motivo, pueden tratar de evitar que su pareja interactúe con otras personas, y estos comportamientos podrían ser muy asfixiantes y perjudiciales para la relación.

- **Dificultad para expresar las necesidades.** Tienden a priorizar las necesidades del otro y pueden llegar a no expresar las suyas. A su vez, suelen tener miedo al conflicto y, por tanto, sienten que si piden algo van a preocupar o molestar a la otra persona, por lo que finalmente no lo comparten.
- **Pérdida de la identidad personal.** Las personas que tienen baja autoestima suelen implicarse mucho en su relación de pareja, y dejan incluso sus propios intereses, pasiones o aficiones. Cuando esto ocurre, la pareja puede sentir menos admiración y valoración que antes.
- **Complacer.** Como su sentimiento de valía es muy reducido, pueden llegar a sentirse valiosos cuando complacen a la pareja, y por eso buscan su validación constante.

La dependencia emocional

Es frecuente que las personas con baja autoestima se vuelvan emocionalmente dependientes de sus parejas. Su vida pierde forma y priorizan la relación y la pareja. Las personas con dependencia emocional tratan de cubrir necesidades emocionales que tienen insatisfechas a través de su relación de pareja. La dependencia emocional interfiere en muchas áreas de la vida, como el trabajo u otras relaciones.

Llegados a este punto, hay que destacar que NO toda la dependencia es mala, ya que, para mantener el vínculo, es necesario cierto nivel de dependencia.

AUSENCIA EMOCIONAL — **DEPENDENCIA SALUDABLE O AMOR** — *nacidramática* — **DEPENDENCIA EMOCIONAL**

Cuando aparecen algunas de las siguientes características, es importante revisar el vínculo:

- **Dificultad para poner límites.** Cuando algo molesta, callar por miedo a discutir o vivir un enfrentamiento si lo expresa. Priorizar siempre los deseos del otro a los propios. Tener una alta necesidad de complacer y agradar a la pareja.
- **Incapacidad de disfrutar de la soledad.** Cuando su pareja no está, siente un malestar paralizante y que no le permite seguir disfrutando de su vida.

180

- **Pareja como fuente de felicidad.** Su única forma de sentirse feliz y en plenitud es saber de su pareja y pasar tiempo con ella. Cuando esa persona no está, aparece una sensación de vacío.

- **Nunca es suficiente.** Como un adicto a una sustancia, la persona dependiente necesita su dosis. Siente una necesidad insaciable de pasar tiempo con la pareja.

- **Sobrevaloración** de las cualidades de la pareja e **infravaloración** de las cualidades propias.

- **Idealización de la pareja.** Para la persona dependiente, su pareja es la mejor persona que podía conocer, se trata de la persona más maravillosa que conoce. Piensa cosas como «Es perfecta», «No he conocido nunca a nadie tan especial». Al considerar a su pareja como un dios, va a hacer lo que sea por mantenerla en su vida.

- **Dificultad para tomar decisiones.** Necesita consultar a su pareja para tomar decisiones. No solo las tendrá en cuenta, sino que lo que dice la pareja tiene más valor que lo que piensa ella.

- **Ansiedad ante la separación.** Cuando debe separarse de su pareja siente un alto nivel de ansiedad.

- **Celos patológicos.** Ante el miedo (provocado por la propia inseguridad) a perder el vínculo con la pareja, puede sentir celos extremos.

- **Dificultad para emprender proyectos.** Cuando quiere comenzar algo que es importante, se siente incapaz de hacerlo sin el apoyo de su pareja o su validación.

- **Expresión constante de amor.** Tiende a hacer saber a su pareja que la quiere y le demuestra el amor de forma constante. La expresión afectiva en una relación es saludable y natural, pero hay que detectar cuándo se hace para aliviar la ansiedad y las dudas.

- **Necesidad de validación continua.** La persona no se quiere lo suficiente y, por tanto, necesita que su pareja sea quien la valide. Su bienestar y sentimiento de valía dependen de su pareja.

- **Necesidad de comunicación ininterrumpida.** Necesita saber siempre de su pareja, donde está, con quién está. No respeta su privacidad ni los espacios personales.

- **Aislamiento.** Con tal de hacer sentir bien a la pareja y hacerle ver que siempre está disponible, la persona se aleja de sus familiares y amigos, ya que solo se siente plena cuando está compartiendo tiempo con su pareja.

- **La pareja como prioridad.** Toda la vida de la persona gira alrededor de su pareja, y renuncia incluso a sus intereses.

La baja autoestima es un factor de riesgo para terminar en relaciones de dependencia emocional. Estar involucrados en una relación así puede incluso dañarnos más.

Por otro lado, hay algunas creencias muy arraigadas en nuestra sociedad que nos hacen mucho daño y que pueden tener un impacto importante en nuestra autoestima. Se trata de **los mitos del amor romántico**:

El mito de la
media naranja

Pensar que no estaremos completos hasta que no llegue esa persona que nos complete impacta enormemente en nuestra autoestima. Tenemos la capacidad de crecer como personas, sentirnos plenas y que nuestra vida tenga un sentido sin pareja. Y, aunque tengamos pareja, esa creencia puede conllevar un miedo muy grande a la ruptura, porque implicaría pasar de estar supuestamente completos a estar de nuevo incompletos.

El amor implica
sacrificio extremo

Normalizamos que hay que renunciar a nuestros deseos y necesidades por amor, incluso tolerar la violencia.

Si estoy con mi pareja, ya
no necesito nada más

Tener esta creencia interiorizada es muy peligroso, ya que podemos llegar a renunciar a dedicar tiempo a actividades o personas que también nos hacen felices, lo que limita nuestro desarrollo personal.

Los celos son una **prueba de amor**

Esta creencia es muy común; tendemos a pensar que sentir celos es una forma de demostrar que estamos enamorados de nuestra pareja, ya que consideramos que así mostramos el miedo que tenemos a perderla. Lo cierto es que sentir celos de forma patológica y frecuente muestra una necesidad de control y desconfianza hacia nuestra pareja, lo que puede llevarnos a comportarnos de forma tóxica.

El amor verdadero **lo perdona todo**

Según este mito, si una persona está de verdad enamorada perdona todos los errores que ha cometido la pareja. La realidad es que, si estamos en una relación y nos fallan constantemente y nosotros siempre lo perdonamos, quizá nos estamos fallando a nosotros y a nuestros valores. En las parejas es necesario que haya unos límites bien establecidos; perdonar los actos de la pareja no es una obligación.

Tanto si tienes, has tenido o quieres tener pareja en el futuro, estas herramientas pueden ayudarte a vincularte de un modo más sano.

HERRAMIENTAS PARA FORTALECER TU AUTOESTIMA EN PAREJA Y TRABAJAR LA DEPENDENCIA EMOCIONAL

70
Piensa **en lo que buscas** en una pareja

Antes de comenzar una relación, o incluso ya comenzada, es tremendamente útil saber lo que queremos. Especificar cuáles son nuestros deseos, necesidades, expectativas... Tener esto claro va a ayudarte a no tolerar cosas que no quieres tolerar y a comunicarlo mejor a la otra persona cuando lo necesites. Áreas que puedes valorar a la hora de hacer este ejercicio:

Ejemplo...

Intereses	Me gustaría compartir intereses con mi pareja.	Es imprescindible que mi pareja sea una persona abierta a descubrir nuevos intereses.
Estilo de vida	Para mí es fundamental que mi pareja se cuide física y mentalmente.	Es necesario que encuentre un equilibrio entre el ocio y el trabajo.
Valores	Sinceridad.	Respeto.

A nivel emocional	Para mí, mi pareja es un pilar fundamental y, por tanto, me tiene que apoyar en los momentos más difíciles.	Quiero que tengamos una relación muy íntima en la que podamos compartir nuestras necesidades emocionales.
Metas	Me gustaría que fuese una persona ambiciosa y que no sea conformista.	Que también me apoye en mis proyectos y sea mi mano derecha cuando lo necesite.
Sexualidad	Me gusta que mi pareja esté abierta a probar cosas nuevas y a escuchar mis necesidades y deseos.	Espero tener una relación sexual en la que los dos nos esforcemos por dar y recibir placer.

Conforme se te vayan ocurriendo, puedes ir añadiendo las cualidades, características y comportamientos que consideras importantes en una pareja.

Este ejercicio te va a ayudar a fortalecer tu autoestima, dado que te das el espacio para reflexionar sobre lo que para ti es importante e indispensable en una relación, lo que valida tus deseos, sentimientos y necesidades. Además, reconociendo todo esto, te estás comprometiendo a elegir personas y relaciones que de verdad sean compatibles contigo y satisfagan tus necesidades. Tenerlo claro te va a ayudar a poner límites cuando sea necesario, porque sabes lo que quieres y lo que no. Cuando tengas pareja, todo va a ser mucho más sencillo si sabes bien qué es lo que quieres, y si ya la tienes, puedes fijarte en qué cosas puedes pedir a tu pareja o hablar con ella de por qué son importantes para ti.

71
Tu *wishlist* de
mínimos

Una vez que tengas hecha tu lista anterior (recuerda que, cuanto más larga y más áreas toques, mejor), es momento de subrayar todas esas cosas que son indispensables para ti. De todas las que has escrito, seguramente haya unas que te importen más y otras en las que no te importaría ser algo flexible. Es momento de destacar las que quieres cien por cien en tu relación, de las que no vas a prescindir. Te pongo algunas ideas como ejemplo.

- ♥ Necesito sentir seguridad en la relación y que mi pareja me dice la verdad y confía en mí.
- ♥ Es importante para mí sentir que en los momentos difíciles puedo contar con su apoyo y que va a estar ahí.
- ♥ Es importante la comunicación y que escuchemos las necesidades y deseos del otro.
- ♥ Quiero que tenga intereses personales similares a los míos.
- ♥ Que cuando discutamos trate de resolver el conflicto sin alzar la voz. Quiero estar con una persona que se centre en buscar soluciones y no en imponer su opinión.
- ♥ Es fundamental que le gusten los animales y quiera que en un futuro tengamos uno.
- ♥ Quiero que, cuando tomemos decisiones que nos afecten a los dos, lo hagamos de forma conjunta y prestando atención a los motivos de cada uno.

- ♥ Es relevante que tenga metas y que se dirija a ellas para lograrlas. Que respete y me apoye en las mías.
- ♥ Me parece importante que seamos capaces de disfrutar el tiempo que pasamos separados y que no volquemos toda nuestra vida, energía y atención en la relación.
- ♥ Es primordial que juntos pasemos tiempo de calidad.

Utiliza esta lista como una guía para evaluar futuras relaciones o tu relación actual; comunica con ella lo que para ti es estrictamente necesario. Si has tenido relaciones anteriores, ¿cumplían tu lista de requisitos indispensables? En caso de que no, ¿cuáles no cumplían? ¿Cómo te afectaba? ¿Cómo te sentías? ¿Fue este el motivo de la ruptura?

72
Trabaja en tu
individualidad

Los momentos en los que estás solo contigo son oportunidades para trabajar la individualidad. Si tienes pareja, pregúntate:

- ¿Qué te gusta hacer o qué disfrutabas hacer antes de tener pareja?
- ¿Has dejado de hacer alguna de esas actividades desde que tienes pareja?
- ¿Te gustaría retomarlas?

- ¿Te planteas retomar alguna?
- ¿Hay alguna afición que te gustaría empezar a practicar?

Aprovecha los momentos en los que estás en soledad para hacer cosas como:

☐ Conectar con amistades.

☐ Recuperar o empezar aficiones.

☐ Hacer cosas que te gusten.

☐ Cuidar tu alimentación o probar a hacer nuevas recetas.

☐ Practicar deporte.

☐ Meditar.

☐ Escribir.

☐ Cuidar tu higiene.

Continúa la lista de las actividades que podrías hacer contigo; para poder descubrirte y crear nuevas rutinas, necesitas espacio y tiempo. Quizá descubras muchas cosas que antes no conocías.

73
Plantea a **personas cercanas** hacer actividades juntos

Cuando tenemos dependencia emocional, nuestras rutinas dependen de la otra persona, lo que hace que empezar nuevas rutinas en soledad pueda ser complicado.

Quizá, en un primer momento, no te veas haciendo esas actividades en soledad. Como punto intermedio, puedes empezar haciéndolas con otras personas.

¿Qué actividades de las que has escrito en la herramienta anterior te gustaría empezar a practicar y, a la vez, crees que sería más sencillo hacerlas con otras personas?

Te propongo que, al lado de cada una de ellas, pienses en nombres de amigos con los que podrías llevarlas a cabo. Identifica cuáles vas a hacer contigo y cuáles vas a hacer con otras personas en función de la comodidad que sientas.

74
¿Qué cosas **te da tu pareja**?
¿Te las puedes dar tú u otra persona?

A veces, pensamos que las cosas que valoramos de nuestra pareja solo puede dárnoslas ella, pero la realidad es que hay cosas que te da tu pareja que también puedes darte tú u otras personas. De eso va esta herramienta.

Te animo a que escribas una lista de las cosas que valoras en tu relación de pareja y que crees que únicamente puede darte tu pareja. Después, quiero que reflexiones sobre si estas necesidades pueden ser satisfechas también por ti o por otras personas.

Cosas que valoro de mi pareja	¿Hay otra forma de conseguirlas?
Me gusta estar con mi pareja porque me siento acompañada.	¿Puedo obtener compañía de amigos, familiares o compañeros de trabajo? ¿Puedo disfrutar de actividades en solitario sin sentirme solo?
Tenemos mucha complicidad.	¿Es posible establecer conexiones profundas y significativas con otras personas en mi vida, como amigos cercanos o familiares? ¿Puedo cultivar el bienestar conmigo a través de actividades que disfruto para sentir que conmigo también estoy bien?
Siento mucho apoyo.	¿Podría buscar apoyo de amigos, familiares u otros seres queridos? ¿Trabajar la confianza en mí y el sentirme suficiente me ayudaría a no necesitar en ocasiones ese apoyo?
Momentos de intimidad sexual.	¿Puedo disfrutar de mi sexualidad a través de la autoexploración?
Viajar juntos, vivir experiencias y descubrir nuevos lugares.	¿La única forma de vivir aventuras y descubrir nuevos lugares es con mi pareja? ¿Hay más formas? ¿Puedo viajar con amigos o familiares? ¿Me gustaría probar a viajar solo?

¿Cómo te has sentido al hacerte estas preguntas? ¿A qué conclusiones has llegado? ¿Solo puede darte esas cosas importantes para ti tu pareja? ¿Hay otras personas que puedan aportarte también estas cosas? ¿Puedes dártelas tú? Estoy segura de que es posible satisfacer algunas de esas necesidades de otras fuentes además de tu pareja.

75
Decide y **construye**
tu autonomía

¿Te cuesta tomar decisiones sin pedir opiniones externas? ¿En qué cosas te cuesta tomar decisiones y acudes a tu pareja para hacerlo? Es posible que cuando tienes que tomar decisiones vayas a tu pareja a pedirle su opinión. Y no hablo de esas decisiones que afectarían a tu relación, sino a las que podrías tomar perfectamente tú, que en ocasiones son banales.

Recuerda algún momento en el que hayas tenido que tomar una decisión difícil y lo consultaste con tu pareja. ¿Qué hubiera pasado si no hubieras recibido su opinión? ¿Cómo crees que te afecta haberla recibido?

Cuando sientas que te encuentras ante situaciones en las que consideres que es menos difícil tratar de tomar la decisión por ti mismo o misma, no le preguntes a tu pareja. Empieza poco a poco a tomar decisiones individualmente.

También puedes empezar a preguntar (si realmente sientes que lo necesitas) a otras personas que no sean tu pareja.

Tu autoestima te pide que tengas autonomía para ser fortalecida, que sientas que no necesitas a una tercera persona que siempre te ayude a decidir sobre tu vida. En resumen, **que te demuestres que solo contigo ya puedes sentir plenitud**.

76
Gestiona **los celos** de manera adaptativa

Los celos son emociones y las emociones no son buenas o malas. Estos aparecen ante la idea de sentir que podemos perder a nuestra pareja, nos avisan de que tal vez lo pasemos mal o que nos pueden hacer daño, y por ello nos hacen estar alerta. Los celos nos advierten de un posible peligro y nos dan información. El problema es la forma en la que los gestionamos; a veces llegamos a obedecerles y a permitir que nos controlen. Por ello, quiero proponerte una herramienta que te ayudará a fijarte en las situaciones que esta emoción desencadena, las actividades que haces con el objetivo de reducir los celos y las consecuencias que conlleva responder de esa forma. Te propongo que hagas una tabla con cuatro columnas.

Pensamientos que provocan la aparición de los celos	¿Qué hago cuando siento celos?	Consecuencias de sentir celos	¿Qué puedo hacer para gestionar los celos de una forma más adaptativa?
Mi pareja está distante conmigo.	Le pregunto qué le pasa, si está con otra persona.	Se agobia y empezamos a discutir. Me dice que no va a aguantar esos comportamientos y solemos estar enfadados durante días. Esto me provoca malestar y me siento culpable.	Puedo contarle cómo me siento y tener una conversación honesta y tranquila sin acusaciones, y seguro que me comprenderá y tratará de ayudarme.
No me contesta.	Empiezo a llamar a mi pareja y a escribirle sin parar.	Me dice que estaba simplemente trabajando y que no se siente nada bien con mi forma de actuar. De nuevo, me siento mal conmigo.	Puedo identificar una actividad que me guste para que, cuando esto ocurra, consiga distraerme.
Creo que le gusta alguien del trabajo.	Le cojo el móvil para comprobar si se escriben.	Cuando veo que no ha hablado con nadie noto tranquilidad, pero me siento mal porque no me gustaría que me lo hicieran a mí.	Puedo contarlo a un amigo o amiga para desahogarme y escuchar su perspectiva.

Algo que puede ayudarte: **saca los celos de ti, ponles nombre y cara, y cuando aparezcan identifícalos y reconócelos como tales**. Externalizar los celos te ayudará a gestionarlos mejor y a desvincularte de ellos emocionalmente.

Al realizar este ejercicio podrás obtener una mejor comprensión de tus celos, cómo afectan tu relación y tu bienestar emocional y qué medidas puedes tomar para gestionarlos de manera más efectiva. Eso te ayudará a tomar consciencia. **Los celos son emociones naturales, pero cómo elijas manejarlos puede marcar la diferencia en tu relación y en tu propia felicidad y autoestima.**

77
Juego de
cartas

Aunque tiendas a infravalorarte o a ignorar tus cualidades y a veces te sientas insuficiente, si tu pareja está contigo, por algo es. Créeme que habrá mil cosas que le gustan de ti y que aprecie, y seguramente escucharlas de su parte puede ayudarte a poner los pies en la tierra y a darte cuenta que a ojos de otros vales mucho.

Por eso, me gustaría que le pidieras a tu pareja que te escriba una carta; hazlo tú también sobre ella. Aunque tu autoestima no debe depender de lo que digan los demás, a veces necesitamos que nos recuerden lo importantes que somos para otras personas y todo lo que les aportamos.

nacídramática

Vais a escribir las cualidades que encontráis en el otro, las cosas por las que lo admiráis, los actos que haya hecho que valoráis, los logros por los que sentís orgullo, etc.

También vais a recordar momentos bonitos que habéis pasado juntos o situaciones difíciles que habéis superado. Podéis recordaros lo que significáis el uno para el otro y la importancia de teneros en vuestras vidas.

Cuando ambos tengáis la carta terminada, podéis programar una cita especial para leerlas juntos. Leer esta carta te va a hacer ver que esa persona valora muchísimas cosas de ti que igual tú dabas por sentadas o ni recordabas. **Esto va a ayudarte a internalizar esos elogios y a confiar más en ti y en lo que vales.** Además, también te ayudará a controlar tu inseguridad, van a disminuir las dudas y va a fortalecer vuestro vínculo.

78
¿Qué esperas **de vuestras** relaciones sexuales?

La sexualidad es una parte de la relación que hay que trabajar y que repercute mucho en tu autoestima. Elige un momento en el que vayas a pasar tiempo con tu pareja, sientas comodidad para hacerlo y no tengáis prisa.

Vas a necesitar dos folios, uno para ti y otro para tu pareja. Cada uno romperéis el vuestro en diez trozos, en los que vais a escribir:

- Cosas que os gustaría experimentar.
- Cosas que creéis que deberían cambiar en vuestras relaciones sexuales.
- Cosas que os encanta que vuestra pareja haga.
- Cosas que os encantan de vuestra pareja en el área sexual.
- Cosas que no os gusta hacer y que no os sentiríais nada cómodos llevándolas a cabo.
- Fantasías, deseos, necesidades o límites que queráis establecer.

Si os apetece apuntar más de diez cosas, podéis hacerlo. De hecho, cuantas más cosas escribáis, más enriquecedor será. Meteréis todos los papeles en un tarro para que no se vea lo que habéis escrito y, cuando tengáis todos los papeles ya metidos en él, vais a ir cogiéndolos y los leeréis en voz alta.

ME GUSTA QUE TRATAS SIEMPRE DE HACERME SENTIR COMODIDAD Y PLACER

QUISIERA QUE HABLÁSEMOS DE EXPERIENCIAS SEXUALES NEGATIVAS DEL PASADO QUE NOS AFECTAN ACTUALMENTE

ME ENCANTARÍA INTRODUCIR OCASIONALMENTE JUGUETES EN NUESTRAS RELACIONES SEXUALES

RELACIONES SEXUALES EN LUGARES NUEVOS

PROBAR NUEVAS POSTURAS

SACAR TIEMPO PARA TENER MÁS CITAS ÍNTIMAS Y ESPECIALES

MÁS BESOS

nacidramática

Este ejercicio crea un espacio precioso y seguro para mejorar algo tan importante como vuestra intimidad. Al expresar de forma abierta y honesta tus deseos y necesidades sexuales, estás demostrando que tienes confianza en ti y en tu pareja, lo que fortalece tu autoestima. Además, **sentir que te escucha y respeta los deseos y límites comentados provoca un sentimiento de validación y aceptación, lo que fortalece tu autoestima al sentir que te valora**. Por otro lado, la capacidad de comunicar tus preferencias y límites sexuales también te hace empoderarte, lo que aumenta tu sensación de control y autonomía.

79
No esperes a tener una **buena autoestima para tomar** decisiones sobre tu relación

A veces decimos cosas como «Si tuviera autoestima, le pondría límites», «Si tuviera autoestima, dejaría a mi pareja», «Si tuviera autoestima, no permitiría que me tratase de esa forma». ¿Alguna resuena en ti?

La autoestima se va construyendo poco a poco a partir de las decisiones que tomamos, las cuales pueden ayudar o no a que en un futuro nuestra autoestima se fortalezca. No vamos a despertar un día con el nivel de autoestima que deseamos por arte de magia. Por lo que, si creemos que hay cosas que están afectando a nuestra autoestima o cosas que nos ayudarían a fortalecerla, es momento de tomar las riendas.

Cuando pienses en tomar decisiones, hazte la siguiente pregunta: **«Si en un futuro tuviera autoestima, ¿cómo actuaría hoy?»**. Cada día podemos fortalecer nuestra autoestima con pequeños o grandes actos.

Con **pareja o sin pareja**, sigues siendo tú y tienes que sentirte bien con tu propia compañía. **El primer paso** para tener relaciones sanas es **estar en paz contigo**.

LA AUTOACEPTACIÓN Y
la autoestima

Al igual que la autoestima está muy relacionada con el autoconcepto, también va muy ligada a la autoaceptación. Si una persona tiene un nivel de autoestima positivo, seguramente sea porque se acepta a sí misma. Este concepto suele generar confusión, ya que la autoaceptación a veces se plantea como «aprobar cualquier atributo que nos defina de forma incondicional, sin considerar una posible mejora». Sin embargo, **la autoaceptación no significa aceptar de forma incondicional todas las facetas que nos componen**; no quiere decir que pensemos que somos perfectos ni tampoco creer que tenemos unas cualidades excepcionales o que somos extraordinarios.

Más bien, **la autoaceptación es considerar que nuestros pensamientos, sentimientos y conductas forman parte de nosotros sin que necesariamente nos gusten; es ser conscientes de que muchos de esos aspectos no los aprobamos y, de hecho, queremos mejorarlos y modificarlos**. Se trata de unir nuestras fortalezas (aspectos que consideramos positivos) y limitaciones (aspectos que consideramos negativos) para definirnos. Para fortalecer nuestra autoestima, **es necesaria la aceptación de nuestro autoconcepto porque nos ponemos del lado de la realidad, no contra ella. Una vez que esta se acepta, tenemos posibilidades de cambio y mejora**.

Por ejemplo, si una persona acepta que una de sus limitaciones es que le cuesta mantener la atención mientras otras personas hablan, si un día alguien le dice «No me estás escuchando», aceptará esa crítica de una forma mucho más positiva sin que afecte a su autoestima. Eso es porque relaciona el comentario crítico con un aspecto que previamente ya reconoció como «limitación». Por tanto, es consciente de que puede tratar de mejorar en esto, explorar cuáles son sus causas o cómo está influyendo esta característica en sus relaciones; así se demostrará a sí misma que es responsable y consciente de lo que hace.

Aceptar nuestras limitaciones provocará que dejemos de negarlas o esconderlas, y podremos utilizar esa energía en hacer cambios. Además de con las características que no te gustan del todo, también pasa con muchos otros aspectos de nuestra forma de ser. Por ejemplo, si tienes un miedo pero no lo admites, no vas a tratar de superarlo, ni tampoco vas a cambiar aspectos que consideras que te definen si no los aceptas.

Aceptarte significa ser consciente de quién eres en este momento, lo cual no significa que tengamos que gustarnos, pero aceptarnos nos acercará al camino de mejora. En cambio, no reconocer nuestras limitaciones hará que estas se mantengan.

Al igual que tienes que aceptar tus limitaciones, también debes aceptar tus fortalezas. En ocasiones, sentimos que dar voz a nuestras fortalezas y mostrar orgullo por lo que hemos logrado nos hace parecer arrogantes y engreídos. Si consideras que tienes fortalezas, no tendrás nada de lo que avergonzarte; la posible envidia del resto no te pertenece. No tengas miedo a decir frases como «Soy guapo o guapa», «Se me da bien lidiar con situaciones estresantes» o «Considero que tengo mucha más empatía que la mayoría de gente que conozco». Cuando no sientas vergüenza al decir este tipo de afirmaciones, sentirás que tu autoestima se fortalece.

Por tanto, la autoaceptación es esencial para el desarrollo de una autoestima saludable. La aceptación de uno mismo implica reconocer y abrazar todas las dimensiones de la propia identidad, incluyendo aspectos físicos, emocionales y cognitivos. Cuando nos aceptamos a nosotros mismos, construimos una base sólida para fortalecer nuestra autoestima.

HERRAMIENTAS PARA ACEPTARTE

80
¿Qué **cosas** te cuesta aceptar?

Es momento de hacer introspección e investigar un poco más sobre esas cosas que te cuesta aceptar. Escribe todas las cosas que se te ocurran en una tabla como la siguiente:

Me cuesta aceptar:

MIEDOS	
ASPECTO FÍSICO	
SENTIMIENTOS	
ACTOS	
PENSAMIENTOS	

81
La **verdad**
del espejo

ESA PERSONA QUE VEO ANTE EL ESPEJO, CON LOS ASPECTOS QUE ME GUSTAN Y LOS QUE NO, SOY YO

nacidramática

Colócate delante de un espejo que te permita ver tu cuerpo entero y tu cara.

- ¿Qué pensamientos tienes?
- ¿Qué sientes?

Seguramente, al ver esa imagen haya algunas partes de tu cuerpo que te gusten y otras que te generen rechazo, esto es normal y nos pasa a todos.

Puede que pienses cosas como «Tengo algunas arrugas» o «No me gusta cómo me queda el pelo recogido», u otras como «Qué bonitos son mis ojos».

Puede que aparezcan pensamientos desagradables ante la imagen que ves y puede que sientas la necesidad de dejar de mirarte (lo que significaría rechazar y negar que esas partes de tu cuerpo forman parte de ti). Por ello, no dejes de mirarte, continúa con el ejercicio. A corto plazo, tal vez abandonar el ejercicio te alivie, pero, si dejas de mirarte y huyes de lo que ves, nunca llegarás a aceptarte.

> Recuerda: aceptarte no significa que tengas que gustarte, significa aceptar lo que eres y las partes de tu cuerpo que te componen. No niegues o escondas lo que sientes.

Mírate y trata de interiorizar estas frases, y repítelas en voz alta si te apetece:

- Esta persona que veo en el espejo, así completa, con los aspectos que me gustan y los que no, soy yo.
- Mi cuerpo y mi cara son solo míos y por eso son únicos.
- Algunas partes de mí no me gustan, pero las acepto porque aceptar no significa que me gusten, sino que acepto que forman parte de mi cuerpo a pesar de que yo quiera cambiarlas.

Te propongo hacer este ejercicio cada día durante unos minutos. Al mirarte de una forma más tranquila y sin miedo a observar las partes de tu cuerpo, sentirás más seguridad en ti. Aceptar lo que ves cuando te miras en el espejo es importante para fortalecer tu autoestima.

82
Encuentra la **función de las partes** de tu cuerpo que no te gustan

Para usar esta herramienta, primero quiero contarte el cuento del ciervo y la fuente.

> Un día, un ciervo vio una fuente y se detuvo a beber en ella. Al terminar, se paró a mirar su reflejo en el agua. Le gustaba ver su gran cornamenta, pero pensaba que sus patas eran muy largas y delgadas y no le gustaban.
> Un conejo que pasaba por allí le preguntó qué le pasaba y el ciervo le respondió:
> «Me gustaría cambiar algunas partes de mi cuerpo. Pienso que mis delgadas patas no son suficientemente bonitas. Tendrían que ser más gruesas».
> De repente, escuchó a lo lejos los gritos de un cazador y los ladridos de sus perros. Echó a correr.
> Gracias a sus patas, el ciervo pudo correr veloz para escapar de ellos. Mientras corría se dio cuenta de que

sus cuernos le molestaban, ya que se enredaban en las ramas de los árboles. Cuando ya no se sentía el peligro, el ciervo reconoció que se había equivocado. Sus cuernos no fueron tan útiles para huir, sino que fue gracias a sus finas patas que ahora estaba vivo.

¿Qué sientes cuando miras una parte de tu cuerpo que no te gusta? ¿Qué haces cuando aparecen estos sentimientos? ¿Qué te dices?

Cuando aparezcan sentimientos de rechazo, te propongo mirar esas partes de tu cuerpo desde una perspectiva funcional y no solo desde la perspectiva estética. Te animo a buscar las funciones y los beneficios que tienen estas partes de tu cuerpo.

Por ejemplo, si sientes rechazo hacia tus piernas y sueles decirte frases como «Odio mis piernas, son demasiado largas», vas a escribir en tu libreta las cosas buenas que te proporcionan tus piernas.

- Mis piernas me permiten desplazarme de un lugar a otro.
- Gracias a mis piernas puedo disfrutar de caminatas en la naturaleza y explorar nuevos lugares.
- Mis piernas me permiten hacer patinaje, que es un deporte que me encanta.

Otro ejemplo: «Mis dientes son demasiado pequeños».

- Gracias a mis dientes puedo masticar la comida.
- Los dientes me permiten ir a probar nuevos restaurantes y disfrutar de experiencias relacionadas con comer.

Esta herramienta favorecerá que mires tu cuerpo desde una perspectiva funcional y te alejará un poco de la estética; podrás así empezar a mirar esas partes de tu cuerpo con más cariño y valorarlas por la maravillosa función que cumplen.

83
Reconocer
para aceptar

LAS PARTES DE MI CUERPO Y SUS FUNCIONES

VER PAISAJES, ATARDECERES O PERSONAS QUE QUIERO Y LEER

ESCUCHAR

DISFRUTAR DE LA COMIDA O HABLAR

RESPIRAR

DIBUJAR, COCINAR O COGER COSAS

CAMINAR, CORRER O HACER RUTAS

SALTAR O MANTENER EL EQUILIBRIO

nacídramática

Si queremos aceptarnos, primero debemos reconocer cómo estamos ahora y conocernos más. Para ello, te propongo usar esta herramienta, la cual consiste en completar las frases. Vas a ver que hay principios de frases que tienes que continuar. Trata de completarlas con al menos tres finales diferentes, pero, cuantos más finales hagas, más eficaz será. Es cierto que a veces pensar y reflexionar sobre qué finales escribir puede ser útil, pero también te recomiendo escribir las primeras cosas que se te pasen por la cabeza.

Ejemplo: ante una frase que empiece por «Me cuesta aceptar que» podrías acabarla con «en ocasiones respondo mal a las personas que quiero», «me rijo demasiado por la impulsividad», «me quejo mucho y me esfuerzo poco», «no he superado la ruptura con mi expareja», «no soy transparente con los demás».

Trata de completar todas las frases.

Este ejercicio te permitirá descubrir algunos aspectos de ti que sueles esconder, tanto a ti como al resto, y también te brindará la oportunidad de recoger mucha información sobre ti para empezar a aceptarla.

Aquí te dejo la lista de frases:

- Me cuesta aceptar que...
- Me cuesta aceptarme cuando...
- Me cuesta creer que hice/dije...
- Para mí es difícil aceptar que siento...

- Para mí es difícil aceptar que hago...
- Me cuesta aceptar que deseo...
- Me cuesta aceptar que necesito...
- Para mí es difícil de aceptar que pienso...
- Una parte de mi cuerpo que me cuesta aceptar es...
- Si aceptase más mis sentimientos...
- Si aceptase más mi cuerpo...
- Si aceptase más lo que hice en el pasado...
- Si aceptase lo que necesito...
- Si aceptase lo que deseo...
- Si aceptase lo que pienso...
- Me da miedo aceptarme porque...
- La parte positiva de no aceptarme es...
- Si el resto viera que me acepto un poco más...
- Si finalmente me aceptase...

¿Cómo te has sentido haciendo este ejercicio? ¿Hay algo que hayas entendido al hacerlo? ¿Has llegado a alguna conclusión?

84
¿Qué pasaría si **te aceptases**?
¿Tiene algunos beneficios no hacerlo?

Ahora que sabes un poco más sobre la autoaceptación, te propongo que hagas una lista en la que valores las cosas que cambiarían si te aceptases y, por otro lado, reflexiones sobre los beneficios de no aceptarte.

SI ME ACEPTASE...	LO BUENO DE NO ACEPTARME ES QUE...
Me sentiría más real.	No tengo que tomar decisiones difíciles.
Me querría más.	No tengo que cambiar nada.
Sería más auténtico.	Puedo evitar situaciones incómodas.
Trabajaría en mejorar.	La gente no espera cosas de mí.
Muchas cosas cambiarían.	No tengo que dedicar tiempo a reflexionar.

A veces, no aceptarnos tiene beneficios a corto plazo. Aceptarnos es incómodo, ya que significa que tenemos que ponernos en marcha para mejorar, y el cambio es incómodo. Esta herramienta puede transmitirte información sobre por qué hoy en día optas por no aceptarte y qué te está impidiendo hacerlo, lo que te puede hacer reflexionar sobre algo que quizá no habías visto de esa forma. Además, te invita a pensar qué ocurriría si te aceptases.

85
Acepta tus
miedos

Además de aceptarnos como somos, es muy importante aceptar también lo que sentimos, aunque no nos guste. Por ejemplo, todo el mundo tiene miedos y estos aparecen en nuestro día a día. Son numerosas las situaciones que pueden hacernos sentir miedo o ansiedad. Por ejemplo, ir a una fiesta en la que no conocemos a mucha gente, tener que tomar una decisión importante o subir a un avión.

Escribe en tu libreta una situación en la que normalmente sientas miedo y acompáñala con qué te dices o qué haces ante su presencia. Puede que en tu discurso interno aparezcan pensamientos como «Nadie se siente de esta forma», «Soy muy exagerado o exagerada», «No debería tener miedo», «Todo va a salir mal».

Este tipo de frases no nos ayudan en absoluto, al contrario, nos hacen sentir culpables y no contribuyen a que busquemos soluciones para mejorar, para comprender las causas de lo que sentimos. Tampoco nos ayudan a reducir el nivel de miedo.

Esta herramienta consiste en aceptar nuestros miedos o la ansiedad cuando aparecen. Cuando esto ocurra, te recomiendo que, en vez de negar lo que sientes, pares un momento y digas «La verdad es que tengo miedo», con lo cual te permitas observarlo y reflexionar sobre él. Y, sobre todo, aceptando que eso es lo que sientes. Puedes hacerte preguntas como:

- ¿Qué es lo peor que podría ocurrir?
- ¿Podría afrontar esa situación de alguna forma?
- Si no saliese tan bien como yo quiero, ¿cómo me afectaría?
- ¿Por qué estoy sintiendo esto?
- ¿De qué me sirve aceptarlo?
- ¿Cuándo suelo sentirme así?
- ¿De qué me sirve criticarme cuando tengo este miedo?
- ¿Cómo me siento cuando no tengo miedo?
- ¿Cómo puedo afrontarlo ahora y en situaciones futuras? ¿Hay algo que me ayude?
- ¿Qué soy yo aparte del miedo? ¿Mi miedo realmente me define?

Aceptar las emociones nos invita a reflexionar y a tratar de ponerles una solución o establecer un plan para mejorar.

Tu autoestima se verá fortalecida al establecer un plan de acción, ver la situación de forma realista y sentir que tienes el control.

86
Acepta tus sentimientos
y pensamientos

No es sencillo aceptar lo que pensamos y sentimos. En ocasiones pensamos cosas que nos generan vergüenza o con las que no nos sentimos del todo identificados. Lo cierto es que cuando tenemos este tipo de pensamientos solemos negarlos, a pesar de que esto no es lo más efectivo. Todos sentimos inseguridades, frustración, envidia, celos, ira u odio, y, aunque no sea lo más agradable, sentir todo eso tiene su función y negar lo que sentimos no es la mejor opción. Por tanto, **es necesario ser conscientes de lo que sentimos, explorar su motivo y aceptarlo**.

Recuerda un pensamiento que te cueste aceptar. Por ejemplo: «Mi amigo está alcanzando metas que yo aún no he logrado. Hace poco comenzó su propio negocio y está teniendo un gran éxito. Aunque quiero sentir alegría por sus logros, siento envidia, ya que me gustaría estar en una posición similar».

Puede que trates de escapar de estos pensamientos. En esos momentos, **para y respira profundamente**; repite varias veces una frase de aceptación, como «Siento envidia de mi amigo y lo acepto». Puedes escribir en un papel lo que sientes, lo que piensas o cómo te afecta pensar en ello. Puedes centrarte también en aprender sobre esa emoción identificándola y observándola. Verlo todo junto y hacer introspección te ayudará a aceptarlo.

Darles espacio a tus pensamientos y sentimientos sin tratar de evitarlos o negarlos es muy importante. Algunas preguntas que pueden ayudarte durante el ejercicio son:

- ¿Solo yo tengo este tipo de pensamientos?
- ¿De qué sirve rechazar lo que pienso?
- ¿Qué pasaría si aceptase que pienso así?
- ¿Qué ocurriría si dedicase unos minutos a observar mis ideas cuando aparecen?
- ¿Tiene alguna función pensar esto? ¿Cuál?
- ¿Por qué estoy pensando esto?

Cuando reconozcas lo que piensas, podrás trabajar en cambiarlo, si es lo que quieres.

87
Empieza a aceptar y a convivir con **aquello que no puedes cambiar y a** cambiar aquello que sí se puede

De aquellas cosas que te cuesta aceptar de ti, algunas podrán cambiarse o mejorarse. ¿Qué aspectos de los que te cuesta aceptar podrías cambiar o mejorar? Si algo no te gusta y tienes la posibilidad de cambiarlo, no dudes en hacerlo. Aceptar algo que no te gusta es el primer paso para cambiarlo si es posible, ya que aceptar no significa gustar.

Te propongo hacer una tabla donde escribas las cosas que te cuesta aceptar; luego valora si es posible cambiarlas o no y cómo lo harías si es posible. Ante los aspectos que no puedes cambiar, te propongo preguntarte «¿Qué puedo hacer para aceptarme a pesar de que no me gustan?».

¿Qué me cuesta aceptar?	¿Puedo cambiarlo?	¿Cómo?	Si no puedo, ¿qué podría hacer o pensar para aceptarme a pesar de que no me gusten?
Mi poca gestión emocional.	Sí.	Puedo ir al psicólogo.	—
Mis uñas mordidas.	Sí.	Puedo pintármelas para así evitar mordérmelas.	—
Mi altura.	No.	—	Mi valor como persona no está determinado por mi altura, hay otras cosas que me caracterizan que son buenas.
Mi bajo nivel de inglés.	Sí.	Puedo empezar a ver películas y leer libros en inglés o relacionarme con gente de habla inglesa.	—

Esforzarnos por mejorar y llevar a cabo acciones para modificar aquello que nos cuesta aceptar pero que podemos cambiar nos ayudará a fortalecer nuestra autoestima. Por otro lado, hay aspectos de nosotros mismos con los que hemos nacido y que, por tanto, nos acompañan cada día y no podemos cambiar. Ante ellos, no debemos estar continuamente sufriendo, sino tratar de ver otras cualidades que nos gusten y que también nos definen. Por ejemplo, ante el caso de que te cueste aceptar que tu altura es inferior a la deseada, sabes que no vas a poder cambiarla, así que trata de modificar tu pensamiento y visión hacia ti. Es diferente pensar «Con esta altura no voy a llamar la atención de nadie» que «No tengo la altura que me gustaría, pero soy una persona muy agradable, me considero guapa y además me cuido; no creo que mi altura defina mi valor como persona, hay mucho más». Trata de encontrar pensamientos que te ayuden a aceptar las partes que menos te gustan de ti y que no pueden ser cambiadas.

88
Acepta las **cosas positivas** que te definen

Las herramientas anteriores son útiles para trabajar aquello que no nos gusta de nosotros. Ahora bien, al igual que tienes que aceptar tus limitaciones, debes aceptar tus fortalezas. Es posible que en ocasiones sientas vergüenza al expresar en voz alta tu orgullo hacia las cosas que más te gustan de ti. Ahora bien, ¿qué características te gustan de ti y no muestras al resto por miedo a que piensen que te crees superior o por miedo a no parecer lo suficientemente humilde?

Ejemplo...

- En muchas ocasiones, cuando un profesor hace una pregunta en clase, yo la sé, pero no contesto para que no parezca que me creo más que los demás.
- Se me da bien hablar inglés, pero cuando voy de viaje con otras personas me da vergüenza hablarlo porque temo que parezca que me siento superior.
- Cuando hay un problema se me ocurren soluciones creativas, pero no las muestro.

Tras leer estos ejemplos, ¿existe alguno parecido que resuene en ti? Te animo a hacer una tabla como la siguiente, la cual te ayudará a extraer valiosa información.

Me gusta de mí... Se me da bien...	¿Por qué tengo miedo a mostrarlo al resto?	¿Pienso que es mejor no mostrarlo? ¿Por qué?	¿Qué ocurriría si mostrase más mi fortaleza?

Esta herramienta te ayudará a explorar por qué tienes miedo a mostrar tus fortalezas, a imaginar qué ocurriría si las mostrases y a descubrir tus creencias limitantes. Es posible que te des cuenta de que mostrarlas te trae más beneficios que riesgos.

Recuerda que aceptarte significa aceptar tanto lo positivo como lo negativo. Al igual que te abres a mejorar en las cosas que no te gustan de ti, también debes dar voz a las cosas que sí lo hacen.

Aceptar lo que **somos, sentimos y pensamos** hoy no significa que no queramos cambiar o mejorar mañana. **No se puede cambiar** aquello que no se reconoce, por eso aceptar es el **primer paso para cambiar**.

DISFRUTAR DE LA VIDA Y DE TI
y ser más feliz

Estar bien no es solamente no estar mal. Solemos poner el foco en resolver problemas mentales, lidiar con pensamientos intrusivos, afrontar miedos o superar trastornos como la depresión o la ansiedad. Llegamos a olvidar que **una parte de la psicología y del proceso terapéutico no solo es «no estar mal», sino aumentar nuestra calidad de vida y ser más felices**.

La felicidad requiere esfuerzo, y en gran parte depende de nosotros y de lo que hagamos. Según se ha estudiado, el 50 % del nivel de felicidad es genético; hay personas que nacen más felices que otras. El 40 % son las intenciones voluntarias, es decir, cosas que puedes hacer para ser más feliz. Por último, un

10 % son las circunstancias externas, por ejemplo, donde naciste, tu familia, dónde trabajas o cuál es tu situación económica. Por tanto, **hay un 40 % sobre el que puedes trabajar**.

Martin Seligman se considera el padre de la **psicología positiva** y plantea que hay cinco elementos entrenables que pueden acercarnos a ser más felices. Lo desarrolla en un modelo para promover bienestar llamado **PERMA**, por sus siglas en inglés: Emociones positivas, Compromiso, Relaciones interpersonales, Significado y Logro. No es que por sí mismos estos elementos constituyan el bienestar, sino que, más bien, cada uno de ellos contribuye a lograrlo.

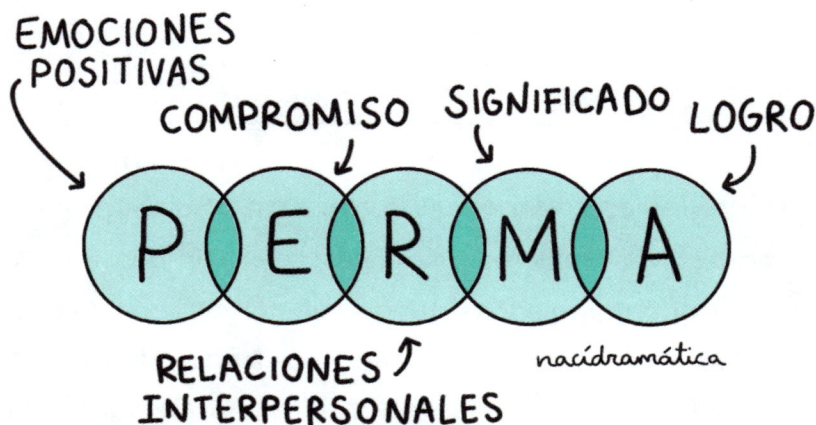

EMOCIONES POSITIVAS
COMPROMISO SIGNIFICADO LOGRO

P E R M A

RELACIONES INTERPERSONALES

nacídramática

1. Experimentar emociones positivas

No existen emociones buenas o malas, todas tienen su función, pero sí las hay más agradables y menos. **Solemos tratar**

de reducir las emociones consideradas negativas, las cuales necesitamos aprender a gestionar y regular, pero es igual de importante promover emociones positivas.
Hay emociones positivas relacionadas con:

- El **pasado**: gratitud, perdón, alegría, orgullo o admiración.
- El **presente**: felicidad, satisfacción, conexión con los demás, amor o serenidad.
- El **futuro**: optimismo, esperanza, curiosidad, interés o inspiración.

Sentir emociones positivas tiene un valor adaptativo.
Nos lleva a estados mentales y formas de comportarnos que nos prepararán para enfrentar de forma exitosa las dificultades y adversidades que puedan surgir. Es decir, aumentan nuestra capacidad de afrontamiento. Cuando las sentimos, nuestra mente se vuelve más abierta, flexible, creativa y tolerante, y, además, aumenta nuestro inventario de conducta. Por otro lado, promueven el crecimiento personal y el sentimiento de bienestar, favorecen las conexiones sociales, mejoran nuestro rendimiento en el ámbito laboral o académico e incluso mejoran la función inmunológica.

2. Compromiso

Para llevar una vida plena es imprescindible tener experiencias que disfrutemos y nos proporcionen realización personal.

Hay actividades que nos hacen entrar en **estado de *flow***, un estado óptimo de activación que supone **el equilibrio entre nuestras capacidades y los retos**. Cuando entramos en este estado llevando a cabo una actividad, nos sentimos inmersos, perdemos la noción del tiempo y logramos concentrarnos totalmente en el presente. Para llevarlas a cabo, utilizamos nuestras virtudes y fortalezas y, por ello, nos sentimos satisfechos y realizados.

Peterson y Seligman nombraron diferentes fortalezas, intrínsecas y universales, que se pueden cultivar y mejorar.

- **Sabiduría y conocimiento.**
  - Creatividad para pensar, actuar y resolver problemas.
  - Curiosidad por el mundo que nos rodea.
  - Apertura mental y análisis en profundidad.
  - Amor por el conocimiento y el aprendizaje.
  - Perspectiva para ver las situaciones desde diferentes puntos de vista.
- **Coraje.**
  - Honestidad para actuar según los valores personales.
  - Valentía para afrontar las adversidades y el dolor.
  - Persistencia en completar los proyectos iniciados.
  - Vitalidad para afrontar la vida con entusiasmo.
- **Humanidad.**
  - Bondad y amabilidad con el resto.
  - Amor y dar valor a las relaciones íntimas.
  - Inteligencia social y empatía con los otros.

- **Justicia.**
  - Equidad y trato justo.
  - Liderazgo para motivar a un grupo y cumplir metas.
  - Trabajo en equipo para lograr objetivos comunes.
- **Moderación.**
  - Perdón y aceptación de los defectos de los demás.
  - Humildad al reconocer nuestros logros y limitaciones.
  - Prudencia para tomar decisiones importantes.
  - Autorregulación de nuestros actos y emociones.
- **Trascendencia.**
  - Aprecio de la belleza y la excelencia.
  - Gratitud para valorar las cosas buenas.
  - Esperanza en el futuro.
  - Humor con nosotros mismos y hacer sonreír a otros.
  - Espiritualidad para conectar con el sentido trascendente de la vida.

3. Relaciones interpersonales

Las relaciones sociales de calidad son el mayor predictor de nuestra felicidad. Por ello, es necesario concentrarnos en cuidar a las personas que forman parte de nuestra vida y el vínculo que tenemos con ellas, ya que las personas que se sienten más conectadas son más felices y sanas y viven más. En cambio, la soledad no elegida es motivo de peor funcionamiento de nuestro cerebro, de una menor felicidad y esperanza de vida.

225

Es importante tratar de aumentar nuestra red social y nutrir nuestras relaciones con los demás. Esto lo podemos hacer dedicando tiempo a esas personas, escuchándolas, demostrándoles que las queremos y haciéndoles saber lo que significan para nosotros. Por otro lado, los actos de generosidad también son muy importantes.

4. Significado

Disfrutar de una vida significativa es importante para encontrar nuestra identidad, sentido y trascendencia en nuestra vida y hacia otros. Es bueno tener un sentimiento de pertenencia a algo más grande que uno mismo, participar en actividades y tener objetivos que aporten un sentido a nuestra vida. Este significado se encuentra a través de contribuir a la comunidad, experimentar crecimiento personal, expresarnos de forma creativa o sentirnos pertenecientes a un grupo. Necesitamos dar un sentido a nuestras vidas para experimentar un verdadero bienestar.

5. Sentido de logro

Nos hace falta tener metas significativas y realistas, buscar y conseguir objetivos desafiantes que sean importantes para nosotros y que nos hagan sentir realizados y competentes.

Trabajar por lograr nuestras metas y superarlas aumenta nuestra motivación y sensación de eficacia personal, ya que nos hace sentirnos competentes y autónomos. Además, cuando aparecen obstáculos en nuestro camino podemos descubrir formas de afrontar los problemas de forma adaptativa. **Es importante, a su vez, celebrar los logros y premiarnos cuando los alcancemos, así como controlar el exceso de exigencia que podemos sentir.**

HERRAMIENTAS PARA DISFRUTAR CONTIGO Y SER MÁS FELIZ

89
Diario de gratitud

La gratitud es uno de los sentimientos con más beneficios que podemos experimentar. Es cierto que cuando las cosas van mal puede costarnos sentir que tenemos algo que agradecer, pero la realidad es que casi siempre es posible. No tienen que ser cosas increíbles y grandes; pueden ser cosas pequeñas como «El sol ha salido hoy», «Disfruto de mi rutina» o «Duermo muy bien, no me despierto en toda la noche».

A partir de ahora te propongo que cada día cuando te levantes o cuando te acuestes **dediques unos minutos a agradecer lo que tienes**. Fíjate en todas las cosas que van bien, aunque sientas que son pocas. Te va a ayudar mucho si tiendes a fijarte solo en todo lo que va mal al principio o al final del día.

nacidramática

¿Qué cosas puedes agradecer? A veces no sabemos bien por dónde empezar, hasta que cogemos el hábito; por eso te dejo algunas ideas:

- **¿Qué cosas del día a día valoras?** Hay cosas que forman parte de tu rutina pero que disfrutas. Aunque te parezcan obvias, ninguna lo es demasiado como para no escribirla en tu diario de gratitud.

- **¿Quiénes son las personas importantes para ti?** Fíjate en tu alrededor y reflexiona sobre la suerte que tienes de tenerlas. Recuerda todas esas veces que han estado ahí para ayudarte cuando lo necesitabas.

- **¿Qué objetos o cosas agradeces tener?** Puedes incluir también cosas materiales. Por ejemplo, puedes sentir mucho agradecimiento por tener un piano, libros que te gustan, CD de tus artistas favoritos, recuerdos de algún viaje, regalos o recuerdos de personas que ya no están...

- **¿Qué cosas se te dan bien? ¿Qué cosas te gustan de ti? ¿Qué capacidades tienes?** Piensa qué ocurriría si no tuvieras habilidades y cualidades, y cómo cambiaría eso tu vida. Por ejemplo, puedes agradecer que oyes bien y eso te permite mantener conversaciones con los demás, escuchar la música de tus artistas favoritos, ir a conciertos o atender a tus profesores de universidad. No nos paramos a valorarlo en el día a día, pero todo cambiaría mucho si no tuviéramos esa capacidad. También es importante agradecer los aspectos que te gustan de ti, que te hacen sentir feliz y buena persona, o agradecer esas cosas que se te dan bien.

- **¿Qué vivencias has disfrutado a lo largo de tu vida?** Puedes agradecer esos planes especiales que te gustan, como viajar, celebrar tu cumpleaños con personas muy importantes para ti, haber pasado una tarde descubriendo tu ciudad, que te den una sorpresa, o que hayas hecho una actividad nueva y te haya encantado. ¿Cómo te sentiste haciendo esas actividades?

No te limites únicamente a escribir las cosas que agradeces; permítete profundizar en ellas. Reflexiona sobre lo que te aportan y lo que te hacen sentir. **Sentir y expresar gratitud te ayuda a apreciar lo que tienes y a dejar de compararte con el resto.**

90
Aprende **a disfrutar**
del momento presente

Dedicamos mucho tiempo y energía de nuestra vida a rumiar sobre lo que ocurrirá en el futuro. También nos preocupamos acerca de lo que sucedió en el pasado y, en ocasiones, nos olvidamos de disfrutar del presente y de lo que disponemos ahora, cuando de verdad el presente es lo único que tenemos.

Te propongo un ejercicio que puedes hacer cuando quieras centrarte totalmente en el presente. Coge algo de comer, por ejemplo una galleta o una pasa.

Comemos muchas veces al día y por ello es una actividad que tenemos muy automatizada y no solemos fijarnos en los detalles. Cuando tengas esa galleta entre los dedos, párate a observarla y explora sus características:

> ¿Cómo es su textura? ¿Cómo huele? ¿Cuál es su forma? ¿Cuál es su color? ¿Te gusta? ¿Es dura o blanda?

Ahora cierra los ojos y métetela en la boca. Céntrate únicamente en analizar sus características cuando ya la tengas dentro.

> ¿Qué ocurre cuando la masticas? ¿Hace ruido? ¿Cuesta romperla o masticarla? ¿Cómo cambia su textura? ¿Cómo es su sabor? ¿Va variando?

Cuando hayas terminado, pregúntate lo siguiente:

¿Alguna vez has fijado tanto tu atención en comer algo y analizar sus características? ¿Cómo te ha conectado esta experiencia con el momento presente? ¿Has descubierto detalles de ese trozo de comida que antes no conocías?

Puedes practicar la atención en el momento presente de muchas formas. Te doy algunas ideas:

- Andar por la arena o por el césped con los pies descalzos analizando las texturas.
- Hacer estiramientos fijándote en cómo sientes tu respiración y tus músculos, y observando cómo se tensan y destensan.
- Escuchar una canción analizando los cambios de sonido, voces, bases o instrumentos.
- Darte una ducha larga, poniendo la atención en cómo el agua resbala por tu piel, sintiendo la temperatura, disfrutando del olor y la textura de tu gel de baño.
- Guardar el móvil y dar un paseo por la naturaleza, escuchando los sonidos, mirando las nubes y el cielo, observando la luz, los animales que pasan, los árboles y sus características o el suelo que pisas.

Practicar la atención plena te permite conectar contigo, con tus sentidos, con lo que estás haciendo y con tu alrededor.

91
Tu **porfolio personalizado** de emociones positivas

Recopila objetos significativos para ti que te provoquen emociones positivas al verlos. Pueden ser regalos, recuerdos o cosas relacionadas con tus actividades favoritas. Mete los objetos en una caja y etiqueta cada uno de ellos con la emoción positiva que te provoca. Por ejemplo:

- **Esperanza.** Un collar que te regaló tu abuela.
- **Orgullo.** Tu título de graduado de la universidad.

Coloca la caja en un lugar visible y que veas con frecuencia, por ejemplo, en tu escritorio o en alguna balda de tu estantería. Ve añadiendo nuevos elementos a tu porfolio conforme vayan pasando cosas en tu vida y tengas nuevos objetos que te provoquen emociones positivas.

Haciendo este ejercicio crearás un recurso tangible que te hará revivir y apreciar muchos momentos y cosas importantes para ti.

92
Responde a la voz
de la exigencia

Muchos de nosotros tenemos una alta exigencia y buscamos constantemente la perfección, lo cual nos genera mucha frustración. El objetivo de este ejercicio no es que seas conformista o abandones tus sueños y retos, sino que aprendas a diferenciar entre el perfeccionismo que te ayuda y el que te daña. En lugar de ver la autoexigencia como una voz que habla sola, quiero que la veas acompañada de la otra voz, la que le contesta.

1. **Identifica la voz exigente.** Se presenta en frases como «Debería cobrar más», «Tendría que pesar menos», «He de sentir menos, siempre me ilusiono demasiado».
2. **Identifica la voz que le responde.** Ante la aparición de la voz exigente, la voz que le responde puede que:
   - Se someta a su tiranía, adoptando una actitud sumisa: «Pues es verdad, voy a comer menos».
   - Se bloquee: «No sé qué decir».
   - Le ponga freno: «Paso de ti, ya ni te escucho».

Identifica la forma en la que sueles responder a tu voz exigente. ¿Qué parte se activa en ti? ¿Te resistes a ella? ¿Aceptas lo que dice?

3. **Representa las dos voces.** Coge dos objetos y asigna a cada uno un rol: uno representará la voz crítica que te transmite exigencias y el otro la voz que le responde.

4. **Observa cómo es su diálogo.** ¿Hay comunicación entre ambas voces? ¿Cómo se comunican tus partes? ¿Qué se dicen? ¿Cómo se lo dicen? ¿Quién empieza la conversación? ¿Quién la acaba? ¿Qué se piden las partes?

5. **Reflexiona sobre su relación y comunicación.** ¿Qué necesidades tiene cada una de ellas? ¿Cómo podrían relacionarse de una forma diferente? ¿Qué tendría que hacer cada una de las partes para que mejorase su relación?

Conocer tus patrones de autoexigencia y manejarlos de una forma más saludable fortalecerá tu autoestima y tu bienestar.

93
Fomenta
tu creatividad

La creatividad es una habilidad poderosa que puede transformar nuestra vida diaria; puede convertir las ta-

reas rutinarias en oportunidades para innovar y descubrir. Al probar cosas nuevas y hacer actividades un poco diferentes cada día, estamos estimulando nuestra mente y creando nuevas conexiones neuronales, lo que aumenta nuestra plasticidad cerebral y potencia nuestra capacidad creativa.

Es normal que al principio nos sintamos torpes o inseguros si probamos actividades nuevas. Pero quiero recordarte que el perfeccionismo es el enemigo de la creatividad. Es fundamental superar los bloqueos y permitirnos experimentar libremente, sin miedo a que no nos salga como esperamos.

Además de entretenernos y divertirnos, la creatividad también nos ayuda a resolver problemas de una forma más eficaz, ya que nos permite ver más allá de las soluciones que conocemos y nos ofrece una gama más amplia de opciones.

¿Qué puedes hacer en tu día a día para activar la creatividad?

- **Experimenta en la cocina.** Es una actividad rutinaria pero perfecta para activar la creatividad. Te permite experimentar, combinar ingredientes, probar nuevos utensilios y técnicas y descubrir nuevas mezclas de sabores.
- **Juega con tu apariencia.** Vestirte, peinarte o maquillarte es una forma de expresar quién eres y cómo te sientes. Probar a combinar diferentes estampados, colores o texturas, hacerte nuevos peinados, colocarte el pelo de diferentes formas o utilizar nuevos accesorios son formas de activar tu creatividad.

- **Explora en el arte.** Aunque creas que no tienes habilidades artísticas, lo importante es disfrutar del proceso creativo, explorar formas de expresarte y probar cosas nuevas.

- **Decorar tu casa o habitación.** Prueba a cambiar la disposición de los muebles, imprimir ilustraciones o fotos que te inspiren, hacer un dibujo especial para ponerlo en la pared, colocar plantas que den vida a tu espacio o pintar un mueble.

- **La tecnología como aliada.** La tecnología nos ofrece muchas formas de trabajar nuestra creatividad. Puedes probar aplicaciones y herramientas para experimentar con la creación y edición de fotos, vídeos o música.

- **Inspiración a través de otras culturas.** En nuestro planeta somos miles de millones de personas y contamos con muchas perspectivas y formas de ver la vida. Interesarte en conocer las diferentes culturas, tradiciones y formas de vida puede ampliar tu perspectiva e inspirarte.

- **Estimula la curiosidad.** Explora temas que te interesen. Puedes leer, visitar museos, descubrir nuevas películas y obras de teatro, ir a nuevos lugares y tratar de aprender siempre algo de ellos y de su historia, escuchar a los que son referentes para ti, tratar de descubrir nuevas personas a las que escuchar o prestar atención a perspectivas y opiniones diferentes a las tuyas.

- **Empieza a practicar actividades nuevas.** Tocar un instrumento, bailar un nuevo estilo de baile, aprender un nuevo idioma o practicar un nuevo deporte estimula tu creatividad, ya que te desafía a pensar de forma diferente y a experimentar nuevas sensaciones en tu día a día.

La creatividad es tu gran aliada y nunca hay que dejar de trabajarla.

94
Descansar
no es un lujo

Se nos enseña que tenemos que ser hiperproductivos, y llegamos a considerar el descanso como un lujo para ocasiones especiales. Pero descansar es imprescindible.

DESPUÉS DE MUCHO TIEMPO SIN DORMIR LA SIESTA PORQUE ME SENTÍA MAL CUANDO LO HACÍA, HOY NO VOY A PONERME NI ALARMA

nacídramática

Piensa en formas para integrar el descanso en tu rutina y priorizarlo:

Ejemplo...

- No hacer horas extras.
- Dedicar unos minutos al día a meditar.
- Hacerme la comida y comer con tranquilidad y tiempo.
- Disfrutar de actividades que me gustan.

Cuidarnos nos hace sentirnos merecedores de cuidado, lo que fortalece nuestra autoestima, dado que nos tratamos con cariño y respeto.

95
Motivación
intrínseca

En psicología se han definido dos tipos de motivaciones:

- **La motivación extrínseca.** Cuando hacemos las cosas con el objetivo de tener recompensas externas o evitar castigos. Por ejemplo, trabajar solo para conseguir dinero o sacar buena nota en un examen para sentirnos los mejores de la clase o recibir halagos. Disfrutar de la actividad por sí misma no es un fin.

- **La motivación intrínseca.** Aparece cuando encontramos la satisfacción en hacer las actividades que hacemos. En los ejemplos anteriores, trabajar se haría no solo por conseguir dinero, sino porque es una actividad que también nos gusta; a su vez, estudiar lo haríamos con el objetivo de aprender nuevos conocimientos o sentirnos capaces de enfrentar ese desafío.

Para ser más felices necesitamos involucrarnos en actividades por las que tengamos motivación intrínseca, pero la realidad es que cada vez nos vemos más involucrados en actividades iniciadas por motivación extrínseca. Por ello, esta herramienta consiste en explorar y conectar con las actividades que te apasionan y que te brindan satisfacción.

Quiero que pienses en cuáles son aquellas actividades que disfrutas haciendo, que te hacen sentir bien, que no haces por la motivación de recibir recompensas externas y que te hacen fluir. También puedes incluir en esta lista aquellas actividades que crees que te gustaría practicar porque sientes que las disfrutarías muchísimo. Por ejemplo:

- Escribir poemas o historias.
- Tocar el violín.
- Practicar deportes en equipo.
- Aprender chino.
- Observar cómo se comportan los animales.
- Trabajar como periodista.

- Escalar.
- Probar nuevos restaurantes de comida japonesa.
- Bailar salsa.
- Disfrutar de la música en directo.
- Aprender más sobre química orgánica.
- Colaborar en una protectora de animales.
- Ir al teatro o al cine.

¿Cuál es la actividad que más ganas tienes de empezar? ¿Es una actividad que ya has practicado antes o es nueva y tienes intriga por probarla? ¿En qué ratos podrías incorporarla? ¿Cómo crees que te sentirás después de practicarla?

Comienza a reservar huequitos en tus días, semanas y meses para introducir esas cosas que te hacen feliz. Es imprescindible disfrutar para sentir que no vives en piloto automático haciendo todo el tiempo lo que deberías hacer.

Puedes colocar esta lista de actividades que disfrutas en un sitio visible y recurrir a ella cuando tengas ratos libres. Aunque solo puedas dedicarle media hora, sentirás satisfacción al saber que estás destinando tu tiempo a esas actividades que de verdad disfrutas.

La motivación intrínseca es fundamental para mantener una buena autoestima, ya que nos anima a hacer las cosas por el simple hecho de disfrutarlas y no por recibir recompensas externas.

96
El **premio** por
cumplir tus tareas

Estamos muy acostumbrados a castigarnos y hablarnos mal cuando las cosas no nos salen como querríamos, pero muy poco a premiarnos cuando cumplimos con lo que teníamos que hacer o cuando conseguimos logros que son fruto de nuestro trabajo y nuestra persistencia.

En el capítulo de establecimiento de metas señalaste objetivos importantes para ti. Recupera esa lista y, conforme vayas cumpliendo las acciones propuestas, prémiate. Es importante que reflexiones sobre qué emociones positivas sientes al reconocer que has conseguido lo que te propusiste. Considera cuáles son las diferentes formas de premiarte:

- Elogiarte.
- Hacer actividades que te gusten.
- Escribir lo que has logrado.
- Compartir tus logros con las personas que quieres.

Al practicar el autorrefuerzo nos transmitimos que somos capaces de lograr lo que queremos, reconocemos nuestras fortalezas y nos sentimos responsables de nuestro bienestar.

97
Improvisa y sé
más espontáneo

Las personas rígidas necesitan tenerlo todo estructurado, lo que les deja un margen de flexibilidad muy reducido que les hace tener poca apertura a la experiencia y a cambiar cosas en su vida. Además, tienen dificultad para comprender las opiniones y perspectivas de otros, y también para cambiar su propia opinión y modificar sus ideas o vivir experiencias nuevas. Cuando sienten que lo que ocurre está fuera de su control y de sus esquemas, experimentan ansiedad y malestar. Para conseguir ser más flexible te propongo lo siguiente:

- **Experimenta en tu rutina.** Comienza a modificar algunas cosas que haces a diario. Cambia tu desayuno, haz un camino diferente para ir al trabajo, varía la hora a la que haces deporte, visita a tus familiares en horarios diferentes a los habituales, sal de casa a una hora a la que normalmente no salías...

- **Empieza a hacer «locuras».** Probar cosas nuevas va a hacer que seas más flexible. Habla con personas que no conoces mucho, prueba actividades que no has intentado antes y atrévete a experimentar cosas completamente nuevas. A veces no tienes que buscarlas tú, sino que simplemente tienes que decir que «sí» a los planes que te propongan otras personas.

- **Imagina cómo actuaría otra persona.** Cuando te ocurra algo que te abruma, piensa en qué harían o dirían otras personas, valora otras perspectivas y opiniones.
- **Acepta las cosas inesperadas.** Cuando suceda algo que se sale de tu *planning*, esfuérzate en adaptarte. Si empiezas a experimentar malestar ante esos cambios, recuerda que es una oportunidad para trabajar tu rigidez.

La rigidez en la rutina nos proporciona seguridad y control, pero limita nuestra capacidad para adaptarnos a cambios y experimentar cosas nuevas.

98
Sé **muy** amable

Se ha demostrado que ser amables con el resto y llevar a cabo actos de bondad hacia otras personas sin esperar nada a cambio tiene efectos muy positivos.

- **¿Qué cosas buenas puedes hacer por otras personas? ¿De qué formas crees que puedes mejorar la vida de otros?** A veces vale con cosas sencillas, como elogiar a otros, sonreírles, escucharlos y ayudarlos cuando lo necesitan, ofrecerte para hacer voluntariado en actividades sociales, dar cosas que ya no necesitas o donar dinero a asociaciones acordes a tus valores.

- **¿Cuándo vas a empezar a practicar tu amabilidad?** Fija días o momentos en los que te gustaría empezar a practicar tu amabilidad. Por ejemplo: «Los viernes por la tarde quiero ir a ayudar al refugio de animales».
- Trata de elegir actividades y acciones que sean significativas para ti y que estén alineadas con tus valores.

99
Dibuja tu
mapa erótico

El placer es una fuente muy importante de bienestar que a veces consideramos inmerecidamente como un extra. El objetivo de este ejercicio es que hagas introspección y reflexiones y descubras cuáles son tus zonas erógenas, las que te excitan, que te producen placer al tocarlas y que activan tu deseo sexual. Solemos pensar que únicamente se encuentran en nuestros genitales, pero la realidad es que nuestro cuerpo está lleno de terminaciones nerviosas que pueden hacernos sentir placer. Por ello, te propongo que cierres los ojos y recorras tu cuerpo con las manos o con una pluma y te centres en lo que estás sintiendo.

Dibuja una silueta que represente tu cuerpo y señala en el papel las partes en as que más placer sientas. Puede ayudarte imaginar que una persona que te atrae toca esas zonas de tu cuerpo.

MIS ZONAS ERÓGENAS

nacídramática

Este ejercicio va a ayudarte a conocerte más a nivel sexual y a explorar tu cuerpo de una forma íntima y consciente; con ello reconocerás las zonas y sensaciones que te provocan placer y excitación. Además, centrar tu atención en descubrir cuáles son tus zonas erógenas, aparte de aumentar tu conciencia sexual, te servirá para valorar tu derecho a experimentar placer y te permitirá disfrutar contigo y nadie más.

100
Fantasea a través
de los sentidos

Este ejercicio te invita a sumergirte en una fantasía erótica utilizando tus sentidos para amplificar la experiencia. **La única regla que tiene este ejercicio es que te centres en disfrutar.** Te sugiero que te sientes o te tumbes en un lugar cómodo y cierres los ojos para comenzar a imaginar un escenario detallado. De repente, aparece esa persona que te atrae sexualmente y con quien vas a compartir este tiempo y espacio. A través de los sentidos:

- **Vista.** Imagina en detalle el rostro de esa persona: sus ojos, boca, cuello, manos, espalda... Concéntrate en las partes de su cuerpo que te resultan más excitantes.
- **Olfato.** Visualiza cómo huele su piel y su pelo, y qué perfume usa. Permítete disfrutar de esos aromas.
- **Tacto.** Imagina sus besos, sus labios rozando los tuyos, cómo vuestras lenguas se entrelazan. Disfruta de sus besos y de los pequeños mordiscos que te regala.
- **Oído.** Imagina cómo suena su voz, su tono y susurros cercanos a tu oído; también si hay alguna canción de fondo que acompañe a la escena.

Recuerda que el escenario que imaginas es la situación perfecta para ti y eres libre para pensar y desear lo que quieras.

Concéntrate en tu fantasía y en cómo te sientes al disfrutarla. El objetivo es que sientas libertad para pensar en lo que más te gusta y te dejes llevar por el placer. Gracias a esta herramienta, te regalarás un espacio de disfrute y relajación, explorarás tus fantasías sexuales sin juicio y, con ello, vas a aumentar tu autoconocimiento. También te va a permitir identificar cuáles son tus deseos, preferencias y las sensaciones que te excitan.

La **felicidad y el bienestar** no vienen de fuera, sino que más bien son una elección que hacemos que **requiere esfuerzo** y que en gran parte depende de nosotros y **de nuestras acciones**.

AGRADECIMIENTOS

Escribir un libro no es una tarea fácil ni rápida. Hace falta mucha disciplina y paciencia. Siempre he pensado que se romantiza mucho el hecho de ser escritor, pero, desde mi punto de vista, es un trabajo muy solitario. Por esta razón, sentir que las personas que te rodean te apoyan (a ti y a tu proyecto) es muy necesario.

Lo primero de todo, gracias a mis lectores. Desde que escribí *Terapia para llevar*, han sido muchísimas las personas que me han escrito, y creo que, por haber recibido tantos mensajes de apoyo y agradecimiento, poco a poco fui viendo más claro que tenía que haber un segundo libro. Gracias a cada persona que confió en mí y que me apoyó desde el principio. Gracias por el reconocimiento y la motivación que me han transmitido, que, sin duda, me han llevado hoy hasta aquí.

Quiero dar las gracias a mis padres por cogerme el teléfono ante cada nueva noticia que tengo y recibirlas todas ellas con tanta ilusión como yo, por leer mil veces cada capítulo, por entender que hay meses en los que voy a necesitar que me ayuden un poco con todo porque tengo más carga de trabajo y por darme ánimos cuando me dan bajones y necesito que alguien me sostenga. Ellos siempre han estado y van a estar ahí; por eso, papi y mami, gracias.

Por otro lado, nada de esto sería posible sin mis momentos de desconexión haciendo lo que más disfruto: compartir tiempo con mis amigos. Amo esos ratos en los que bajo la tapa del ordenador diciendo «Necesito parar» y llamo a mis amigos para que tengamos una de esas conversaciones profundas que tanto necesito o para que hagamos cualquier plan improvisado para desconectar. Gracias a mis amigos de Almansa, de Valencia y de Madrid, pues cada uno de vosotros ha tenido un impacto en mí y en este libro.

Gracias a María, por estar ahí siempre, pero especialmente los domingos. Cuando estaba en la recta final del libro, tenía que escribir casi todos los días, pero yo sentía que el domingo no podía ni quería hacerlo y necesitaba descansar. Durante estos meses, los domingos, María ha estado para escuchar cada una de mis crisis existenciales, que al final la que parecía psicóloga era ella y no yo. Gracias, Mery, porque cada momento contigo me ha recargado mucho las pilas, fuese lunes, jueves o domingo.

Gracias a mi compi de piso, Celia, que me ha visto día tras día escribiendo en el sofá por las noches y siempre me ha alegrado con su energía positiva y diciendo la frase: «Estás ahí, en el sofá, con el pijama pero maquillada y con los pendientes puestos, una risa».

Gracias a Alba y a Marco, mis editores, que sin duda son una pata de la mesa muy muy importante en esta gran aventura.

Por estar día sí y día también para atender mis dudas, mis preguntas y, sobre todo, por ser los mejores animadores, confiar siempre en mí y tratarme como me tratan, de forma impecable y supercercana. Me siento muy afortunada de que mis editores sean ellos y de haber creado una relación tan bonita que va más allá de lo laboral.

También quiero dar las gracias a Penguin Random House por brindarme esa primera oportunidad con *Terapia para llevar* y confiar de nuevo en mí con *Cuídate para crecer*.

Por último, y para nada menos importante, gracias a mí, gracias a Nací Dramática, por persistir, por implicarse, por aportar su granito de arena a la salud mental y por visibilizar lo que muchas personas necesitan leer y comprender.

REFERENCIAS BIBLIOGRÁFICAS

LIBROS:

Belen Medialdea, Ana, *Las 5 estaciones de la autoestima*, Barcelona, Zenith, 2022.

Branden, Nathaniel, *How to Raise Your Self-Esteem*, Nueva York, Bantam, 1988. [hay trad. cast: *Cómo mejorar su autoestima*, Barcelona, Paidós, 2010].

Caballo, Vicente E., *Manual de evaluación y entrenamiento de las habilidades sociales*, Madrid, Siglo XXI, 1993.

Castanyer, Olga, *La asertividad: expresión de una sana autoestima*, Bilbao, Desclée De Brouwer, 2014.

CAPÍTULO 1:

González Martínez, María Teresa, *Algo sobre la autoestima. Qué es y cómo se expresa*, Universidad de Salamanca, Salamanca, noviembre de 2009, <https://gredos.usal.es/bitstream/handle/10366/69351/Algo_sobre_la_autoestima_Que_es_y_como_s.pdf?sequence=1&isAllowed=y>

Goñi Palacios, Eider, *El autoconcepto personal: estructura interna, medida y variabilidad*, Universidad del País Vasco, Vitoria Gasteiz, junio de 2009, <https://addi.ehu.es/bitstream/handle/10810/12241/go%5F1i%20palacios.pdf?sequence=1>

Martínez Clares, Pilar, «El desarrollo personal y social: el autoconcepto», en *Anales de pedagogía*, 10, 1992, pp. 185-220, <https://revistas.um.es/analespedagogia/article/view/287291/208591>

Molero, David y Nerea Cazalla-Luna, «Revisión teórica sobre el autoconcepto y su importancia en la adolescencia», en *Revista Electrónica de Investigación y Docencia (REID)*, 10, julio de 2013, pp. 43-64, <https://revistaselectronicas.ujaen.es/index.php/reid/article/view/991/818>

Quiles, María José, *Taller de mejora de la autoestima*, Universidad Carlos III de Madrid, Madrid, diciembre de 2019, <https://www.uc3m.es/ss/Satellite?blobcol=urldata&blobheader=application%2Fpdf&blobheadername1=Content-Disposition&blobheadername2=Cache-Control&blobheadervalue1=inline%3B+filename%3D%22Mejorar_la_

autoestima._María_José_Quiles_Sebastián..pdf%22&blobheadervalue2=private&blobkey=id&blobtable=MungoBlobs&blobwhere=1371553465062&ssbinary=true>

Roa García, Ana, «La educación emocional, el autoconcepto, la autoestima y su importancia en la infancia», en *EDETANIA*, 44, diciembre de 2013, pp. 241-257, <https://dialnet.unirioja.es/descarga/articulo/4596298.pdf>

CAPÍTULO 4:

Collado Díaz, Andrea e Iván Chamizo-Sánchez et al., *Protocolo de evaluación e intervención en autoestima*, Universidad Autónoma de Madrid, Madrid, 2022, <https://www.uam.es/uam/media/doc/1606899112545/protocolo-de-evaluacion-e-intervencion-en-autoestima-cpa-uam.pdf>

CAPÍTULO 6:

Beriain Romerea, Diana, Lluís Botella García del Cid y Núria Grañó Solé, «Intervención constructivista narrativa en un caso de insatisfacción corporal», en *Revista de psicoterapia*, noviembre de 2008, <https://www.researchgate.net/profile/Luis-Botella-3/publication/257922217_Intervencion_constructivista_narrativa_en_un_caso_de_insatisfaccion_corporal/links/0c9605261ae27905d1000000/Intervencion-constructiva-narrativa-en-un-caso-de-insatisfaccion-corporal.pdf>

García Navarro, Andrea, *Programa de prevención para la insatisfacción corporal en mujeres adolescentes*, Universidad Católica de Valencia, Valencia, 18 de enero de 2023, <https://riucv.ucv.es/bitstream/handle/20.500.12466/3107/TFM%20OFICIAL.pdf?sequence=1&isAllowed=y>

Gortázar Ibáñez-de la Cadiniere, María Inmaculada, *Relación entre insatisfacción corporal y autoconcepto, distorsiones cognitivas y actitud hacia la alimentación en adolescentes y jóvenes*, Universidad Pontificia Comillas, Madrid, mayo de 2015, <https://repositorio.comillas.edu/xmlui/bitstream/handle/11531/1130/TFM000144.pdf?sequence=1&isAllowed=y>

Ricart Rull, Anna, *Insatisfacción corporal y belleza en la mujer mayor*, Universitat de Barcelona, Barcelona, septiembre de 2022, <https://diposit.ub.edu/dspace/bitstream/2445/191727/1/TFM_anna_ricart_rull.pdf>

CAPÍTULO 7:

Roca, Elia, *Cómo mejorar tus habilidades sociales*, Valencia, ACDE, 2003, <https://www.studocu.com/pe/document/universidad-continental/psicologia/habilidades-sociales-dale-una-mirada-psicologia/16452104>

CAPÍTULO 8:

Anguita Corbo, Alba, *Propuesta de intervención para la dependencia emocional. Superación de la dependencia tras la ruptura de la pareja*, Universidad Autónoma de Madrid, Madrid, 2017, <https://repositorio uam.es/bitstream/handle/10486/680162/anguita_corbo_alba_tfm.pdf?sequence=1>

Bisquert-Bover, M., Giménez-García, C. et al., *Mitos del amor romántico y autoestima en adolescentes*, Universitat Jaume I, Valencia, abril de 2019, <https://repositori.uji.es/xmlui/bitstream/handle/10234/196575/b squert_2019_mitos.pdf?sequence=1&isAllowed=y>

Imbaquingo Erazo, Génesis Anto ella, *Relación entre los niveles de autoestima y dependencia emocional en las relaciones de pareja de adultos jóvenes entre 21 a 28 años en el barrio Carapungo del sector norte de la ciudad de Quito en el período 2021-2022*, Universidad Politécnica Salesiana de Ecuador, Quito, 2023, <https://dspace.ups.edu.ec/bitstream/123456789/25639/1/TTQ1226.pdf>

Oyanguren-Casas, Nayara A, Ariana A. I. Reyes-González y Ángel C. Zegarra-López, «Autoestima, dependencia emocional y celos: un modelo explicativo en estudiantes universitarios peruanos», en *Revista del Instituto de Investigación en Salud Mental*, Lima, vol. 2, n.º 3, julio-diciembre de 2023, <http://revistas.urp.edu.pe/index.php/cienciaypsique/article/view/6169/9562>

Rodríguez de Medina Quevedo, Isabel, «La dependencia emocional en las relaciones interpersonales», en *Revista electrónica de investigación Docencia Creativa*, vol. 2, pp. 143-148, Universidad de Granada, Granada, <https://digibug.ugr.es/bitstream/handle/10481/27754/ReiDoCrea-Vol.2-Art.19-Rodriguez.pdf?sequence=1&isAllowed=y>

CAPÍTULO 10:

Elba Domínguez Bolaños, Rosa y Erick Ibarra Cruz, «La psicología positiva: un nuevo enfoque para el estudio de la felicidad», en *Razón y palabra*, marzo de 2017, <https://www.redalyc.org/pdf/1995/199551160035.pdf>